D1717375

EDITION OCTOPUS

Pakhi
wurde 1958 als Elke Powels
in Nürnberg geboren.
Nach dem Abitur studierte sie
Volkswirtschaftslehre.

Mit 21 Jahren führte sie ihr Weg
zu Osho, einem zeitgenössischen Meister.
Er gab ihr als seiner Schülerin
den Namen Anand Pakhi,
was glückseliger Vogel bedeutet.
In seiner Gegenwart lernte sie viel
über sich und das Leben,
auch mit Hilfe von Oshos
neu entwickelten Meditationen,
die sie bis heute begleiten.

Als ihre kranke Mutter Pflege benötigte,
gab sie nach 8 Jahren Geschäftstätigkeit
ihren Edelsteinhandel auf,
um sie beim Sterbeprozess zu begleiten.

Durch diese Erfahrung entdeckte Pakhi
ihre Liebe für die Altenpflege und ließ sich
zur examinierten Altenpflegerin ausbilden.
Sie arbeitet heute in einem Altenpflegeheim
in Bad Krozingen.

Ästhetisches Sterben

Pakhi, »Ästhetisches Sterben«
© 2007 der vorliegenden Ausgabe: Edition Octopus
Die Edition Octopus erscheint im
Verlagshaus Monsenstein und Vannerdat OHG Münster
www.edition-octopus.de
© 2007 Pakhi
Alle Rechte vorbehalten
Satz: Deva Radhika
Umschlag: Hermann Brandner
Illustrationen: Pakhi
Fotos: OSHO International Foundation, Switzerland
Witze: Aus dem Englischen übersetzt,
"Take It Really Seriously"

Druck und Bindung: MV-Verlag

ISBN **978-3-86582-475-2**

Ästhetisches Sterben

mit
Lachen
und
Meditation

Dieses
Buch
ist
meinem
Meister
und
Freund
Osho
gewidmet

inhalt

KAPITEL 4
DER STERBEPROZESS,
DER PROZESS DES LOSLASSENS

KAPITEL 5
DAS VERLASSEN DES KÖRPERS

KAPITEL 6
DIE BEDEUTUNG VON LACHEN UND MEDITATION

KAPITEL 7
HINWEISE FÜR DEN STERBENDEN
UND DEN WEGBEGLEITER

KAPITEL 8
DIE VISION EINES STERBEZENTRUMS

vorwort

Ästhetisch zu sterben, ja, das möchte ich wirklich. Eine tiefe Sehnsucht in mir ist berührt. Und doch habe ich nie wirklich darüber nachgedacht, wie ästhetisch sterben aussehen könnte.

Dieses Buch hat mir eine völlig neue Perspektive gegeben. Es ist möglich, erfüllt zu sterben. Es ist möglich, einen würdigen Tod zu erleben, der nicht das Ende ist, sondern einen Höhepunkt und tiefe Befriedigung in sich trägt.

Der Untertitel des Buches war ein kleiner Schock: "Lachen und Meditation". Was, der Sterbeprozess soll mit Lachen verbunden sein? Ist das nicht ein wenig übertrieben? Lächeln wäre vielleicht möglich, doch lautes Lachen?

Pakhi antwortet:

"Auch wenn der Sterbeprozess eine ästhetische und sensible, subtile Sache ist, dann gehört doch das laute Lachen dazu. Es ist wirklich ganz wichtig! Kein Lächeln, nein, ein Lachen. Das Lachen bringt uns immer wieder auf eine neue Ebene, oder man könnte auch sagen, es bringt uns immer wieder auf den Boden, an den Anfang. So können wir wieder neu anfangen und damit weitergehen."

Pakhis Antwort entlarvt ungeprüfte Glaubenssätze über die Zeit vor dem Tod und das Sterben selbst und lässt mich unwissend zurück, erstaunt erkennend, wie wenig ich wirklich weiß und wie sehr ich es vermieden habe, mich mit dem Sterben zu befassen.

So habe ich dieses Buch wie einen Kriminalroman gelesen. Voller Spannung wie es weiter geht. Gefesselt von Pakhis Erfahrungsberichten, praktischen Hinweisen, den lustigen Witzen und bezaubernden Haikus. Den Hauch einer freudigen Ahnung bekommend, dass auch für mich das Undenkbare möglich ist – mich lachend und mit Meditation auf den Tod vorzubereiten und in innerer Glückseligkeit zu sterben.

Ein Haiku:

Der Duft der Pflaumenblüte
Und der Mond
Er leuchtet.

Samarpan

einführung

Die Worte "Sterben" und "Tod" sind sehr traurig besetzte, dunkle Worte. Lieber würde ich in diesem Buch stattdessen von "Loslassen" und "den Körper verlassen" sprechen. Doch würde ich das tun, gäbe es Missverständnisse und es klänge ziemlich kompliziert und abgehoben. Ich möchte mich an die gängigen Worte halten, doch an dieser Stelle immer daran erinnern, dass die Worte Sterben und Tod positiv bei mir besetzt sind. Es sind Worte, die Ästhetik, Schönheit, subtile Freude, Dankbarkeit an die Existenz und Liebe vermitteln.

Vielleicht lernt der Leser meinen Ansatz schätzen, vielleicht ist ihm dieses Buch eine Inspiration, mit dem Sterben und dem Tod in einer konstruktiven und sensitiven Art umzugehen. Der Tod ist nichts, was es zu fürchten gäbe, ebenso nicht der Sterbeprozess. Es handelt sich um eine ganz harmonische und natürliche Sache, die wenn sie verstanden wird, einlädt, auf eine mysteriöse Reise zu gehen. Je nachdem wie wir fähig sind zu verstehen, um was es geht, was die natürliche Harmonie des Moments mit sich bringt, werden wir erhoben und können uns an dem Prozess des Loslassens erfreuen. Die Schwierigkeit beim Sterben liegt also nicht in der Sache an sich, sondern in unserem Verständnis, in wieweit wir fähig sind, mitzugehen mit den Harmonien, die sich bilden wollen aus unserem Leben und dem Mysterium, das immer wirkt.

Können wir uns entspannen in die Prozesse der Loslösung und vertrauen auf das Gute und die Schönheit des Moments, wird unser Sterben und Tod eine Erhebung für uns sein.

In diesem Buch möchte ich meinen Ansatz des erhebenden Todes darstellen. Meine positiven Erfahrungen dazu stammen aus vielen Situationen der Meditation und auch Krankheiten.Die negativen Erfahrungen habe ich selbst zum Teil in mir getragen, so lange, bis ich mit dem Tod in vielerlei Hinsicht konfrontiert wurde. In meiner Jugendzeit versuchte ich zwei Selbstmorde, mein dritter gelang dann, da wurde ich Schüler meines Meisters Osho. Er half mir zu verstehen, was Tod wirklich bedeutet, dass der körperliche Tod keiner ist und daher auch keine Lösung darstellt bei Problemen.

Später pflegte ich meine Mutter, als sie einen zweijährigen Sterbeprozess erlebte. Leider konnte ich ihr dabei nicht so helfen, wie ich es gerne gewollt hätte, da ich ihr meinen positiven Ansatz nicht vermitteln konnte; die Gründe hierfür werde ich später ausführen.

Kurz darauf entschied ich mich, Altenpfleger zu werden. Ich besuchte eine Schule und arbeitete in einem Pflegeheim, in dem der Sterbeprozess Alltag und der Tod ein häufiges Ereignis ist. Selbstverständlich war es auch dort nicht möglich, meinen Ansatz des ästhetischen Sterbens umzusetzen oder auch nur ihm Ausdruck zu verleihen.

Dies liegt an kollektiven und religiösen Aspekten, nicht etwa am Unwillen von den einzelnen Menschen, mit denen ich zusammen arbeitete.

Die vielen Vorzüge eines gewöhnlichen Pflegeheimes im Vergleich zu einer Familienbetreuung beim Sterben werde ich noch ausführen. Auch werde ich auf die Nachteile von beiden Pflegeweisen zu sprechen kommen.

In diesem Buch möchte ich auf das eingehen, was ist. Zugleich möchte ich auch meine Vision bekannt geben, wie es sein könnte, ohne dass sich sehr viel ändern müsste. Alleine einen ästhetischen Ansatz zu haben, würde schon vieles von selbst entstehen lassen. Mir persönlich, da ich ein meditierender Mensch bin, wäre jedoch ein Sterbezentrum zum Sterben am liebsten, in dem alles völlig anders wäre, als es jetzt im Moment ist. Meine Vision eines Sterbezentrums werde ich noch ausführen.

Sprachlich benutze ich das Neutrum. Ich spreche von einem Freund, nicht von einer Freundin, von einem Wegbegleiter, nicht von einer Wegbegleiterin, von einem Sterbenden, nicht von einer Sterbenden. Leider ist die neutrale und männliche Form im Deutschen die gleiche. Das heißt nicht, dass ich mich nicht auch auf die weibliche Form beziehe, doch für mich ist der neutrale Ausdruck derjenige, den ich für den besten halte.

Die Gesellschaft und das Sterben und der Tod

Die Gesellschaft

und das Sterben

und der Tod

das tabu tod

In unserer westlichen Gesellschaft wird der Tod tabuisiert, ebenso wie der Sterbeprozess. Niemand schaut auf das, was dabei wirklich passiert. Es gibt zwar Ansätze, Nahtoderfahrungen zu erforschen, doch sind dies nur erste vorsichtige Versuche, sich dem Tod anzunähern.

Die Gesellschaft vermeidet den Tod, wo sie nur kann, das sieht man schon darin, dass Jugendlichkeit, Vitalität überall gefördert und erwünscht wird. Sogar bei den alten Menschen gibt es die stille Forderung, dass sie sogenannte "junge Alte" sind, also ihre Vitalität behalten.

In Zeitungen und Werbung werden nur gesunde und junge Menschen gezeigt, ebenso in Spielfilmen, in denen der Tod hauptsächlich als hässliches Unglück dargestellt wird.

Als meine Mutter das Aussehen des jungen Alten verlor und krank wurde, wollte sie keinen ihrer Freunde oder

Bekannten mehr empfangen. Sie schämte sich wegen ihres Aussehens, wegen ihrer Schwäche, wegen ihrer Unfähigkeit, etwas zu leisten.

Oft höre ich von alten Menschen, wie sie sagen: "Ich bin nichts wert, erschießen Sie mich." Gerade sie messen sich an den Jungen und fühlen sich daher verbraucht und unwert. Nur die Leistung zählt, die Person an sich wird keinesfalls als ein schönes Phänomen gesehen. Auch Äußerlichkeiten, wie das Aussehen oder Vitalität werden bei geschwächten Menschen vorrangig beachtet.

In unserer westlichen Kultur herrscht ein starkes Klima von körperlicher Ausrichtung, von Materialismus. Wenn der Körper nicht mehr so reibungslos funktioniert, beginnen wir uns schlecht zu fühlen. Verfällt er, sind wir zutiefst betroffen davon, denn jeder von uns denkt, dass er der Körper ist.

Wir sind identifiziert mit ihm, das heißt, wenn er gesund ist, denken wir, wir sind gesund, ist er hinfällig, sind wir es auch. Als ob wir nur diese uns umgebende Materie sind, nichts sonst. Diese materialistische Ausrichtung hat viele Implikationen. Zum Beispiel auch die, dass wir den Tod extrem fürchten. Denn eines ist klar: Im Tod stirbt der Körper, er vergeht. Und somit wir scheinbar auch.

die furcht vor dem tod

hinter allen Ängsten, die uns heimsuchen, steht immer nur eine Angst: Die tiefe Angst vor dem Tod. Das hat mit unserer unbewussten Identifikation mit dem Körper zu tun. Würden wir mehr verstehen und auch wahrnehmen, wer wir wirklich sind, würden wir diese Angst verlieren. Aber in unserer Gesellschaft will man sich nicht mit solchen Themen auseinander setzen. Jemand der sich fragt, wer er wirklich ist, wird als Spinner verleumdet, als Weltflüchtiger, denn es zählt nur die Materie und der Materialismus. Nach Geld und Macht zu streben gilt als menschlich, als normal, danach zu streben, was einen im Innersten ausmacht, gilt als krank.

Sich mit dem Tod zu beschäftigen gilt als morbide, sich der Möglichkeit eines sofortigen Todes bewusst zu sein, gilt als ungesund, sich gar auf den Tod einzulassen in Form von Meditation wird als lebensverneinend dargestellt. Man will nicht auf subtile Zusammenhänge schauen, sondern ist den groben und gewalttätigen Ansätzen der momentanen Wissenschaft ausgeliefert.

Subtiles Einfühlungsvermögen wird unterdrückt mit vielen Mitteln. Ich nenne nur ein paar davon: Der konstante Lärm und die konstante Beschallung mit aufreibenden Tönen, das Überangebot an Farben und Bildern und es werden im Fernsehen Geschichten erzählt, die den Anschein erwecken, dass Gefühle und der Körper das Wichtigste sind.

So ziemlich jedes Element der Gesellschaft versucht uns zu vergröbern und zu drücken, so dass wir nicht empfindsamer und sensibler werden. Es soll erst gar nicht aufkommen, dass wir an der Wahrheit interessiert sind, denn es würde den Status Quo gewaltig ändern, wären mehr Menschen als heute daran interessiert, herauszufinden, wer sie wirklich sind und was die Wahrheit ist. Gäbe es mehr sensible Menschen, die subtile Prozesse schätzen, würde die Welt sicherlich schnell Wege gefunden haben, um den Hunger, die Umweltverschmutzung und anderes

Leid aufzulösen. Die Mittel dazu sind da, es fehlt doch nur am Verstehen.

Die Probleme, die sich stellen, bestehen meines Erachtens, weil die meisten Menschen in Träumen leben, die die Religionen und Gesellschaften geschaffen haben und unter allen Umständen aufrecht halten wollen. Diese Träume verhindern, dass sich die Formen ändern, dass die Gelder konstruktiv verteilt werden, dass die Güter sinnvoll genutzt werden, dass die Welt zu einer wird, in der jeder gleich behandelt wird, in der jedes Lebewesen in seiner Natürlichkeit unterstützt wird. Sie blenden unseren Sinn für das Wahre, Gute und Schöne.

Und es gibt nicht nur angenehme Träume von Ehe, Familie, geordnete Staatsverhältnisse, Gerechtigkeit und sonstiges, es gibt auch Alpträume, die den Menschen vermittelt werden. Sozusagen wird von den Religionen und den Gesellschaften mit Zuckerbrot und Peitsche gearbeitet.

Zwei Freunde treffen sich. "Na, wie war´s gestern mit deiner neuen Flamme?"

"Ach, enttäuschend" meint der andere.

"Warum? Hat´s nicht geklappt?"

"Doch, zuerst schon. Wir waren essen, dann gingen wir in eine Bar, dann in die Disco. Sie fragte mich, ob ich noch auf einen Kaffee mit zu ihr kommen wollte, und ich sagte freudig Ja. Nachdem wir den Kaffee getrunken hatten, zog sie sich vor meinen Augen aus, schlüpfte in ihr Bett und machte das Licht aus."

"Und was dann?"

"Na, was soll dann schon geschehen sein – ich hab´ ihre Andeutung natürlich verstanden, und bin gleich nach Hause gegangen!"

die androhung
des entsetzlichen todes

einer dieser Alpträume ist die Androhung eines entsetzlichen Todes. Überall wo wir etwas tun, was nicht den Vorstellungen der Gesellschaft entspricht, wird uns dieser Tod als Warnung aufgezeigt. Und funktionieren wir zum Beispiel in unserer Arbeit nicht so, wie wir es sollten, wird uns die Kündigung und das schlimme Leben in der Gosse und letztendlich der entsetzliche Tod unter der Brücke angedroht. Letztendlich steht hinter jeder dieser Drohung die Vision des fürchterlichen Todes. Das Bild besteht in unseren Köpfen, es ist eingebrannt. Wenn wir nicht funktionieren, werden wir in Schmach und Schmerz und ohne Unterstützung und alleine sterben.

Darüber hinaus werden überall Bilder von schlimmen Toden gezeigt von den Gewalttätigkeiten auf der ganzen Welt. Sie dienen als Zeugnisse für die Angst der Menschen, so dass jeder es sieht: Pass auf! So wird dein Tod sein, wenn du nicht das machst, was wir wollen. Es ist eine subtile Versklavung. Mit der Androhung des entsetzlichen Todes werden wir Menschen dazu gebracht, gar nicht erst neue und andere Schritte unternehmen zu wollen.

Die Verschwörung der Politiker ist groß, sie wollen, dass die alten, überholten Formen der Regierung und damit die Formen des Umgangs der Menschen untereinander bestehen bleiben, denn nur so können auch die Machtverhältnisse bestehen bleiben.

In den Filmen, die zur Entspannung für die Menschen produziert werden, ist der Tod und das Sterben sehr negativ besetzt. Da wird abgemurkst und Ängste geschürt, als wäre es das Wichtigste, diese Lüge des entsetzlichen Todes aufrecht zu halten.

Ein dunkles Ahnen um den Tod wird verbreitet. Geschürt wird es über die Horrormeldungen der Medien von gewaltsamen Toden, die Menschen werden damit überflutet. Nachrichten genauso wie Actionfilme, Spielfilme aller Art bringen ein sehr destruktives Bild des Sterbens und des Todes. Zugleich wird der Anschein erweckt, dass der Tod nur mit Verbrechen zu tun hat, dass er kein natürlicher Vorgang ist. Selbst in Schmusefilmen wird der Tod und das Sterben nicht etwa als ästhetischer Prozess gezeigt, sondern als ein Unglück, als ein Schmerz für alle Beteiligten. Es scheint, als ob es die Wahrheit wäre, dass Tod etwas Hässliches und Vermeidenswertes wäre.

die androhung
des entsetzlichsten todes

doch wenn die Politiker die Lüge des entsetzlichen Todes verbreiten, so gibt es durch die Priester und Pfarrer noch eine Steigerung, einen zusätzlichen Alptraum, mit dem sie uns Menschen bedrohen undin Angst und Schrecken versetzen: Es ist der entsetzlichste Tod in Sünde und Schuld. Sie haben kein Erbarmen mit uns, wir werden dazu gebracht, uns wegen ganz natürlicher Wünsche, wie etwa Sexualität oder der Wunsch nach Lachen, schuldig zu fühlen. Auch wenn wir Impulse des Ärgers haben, oder wenn wir die Maxime der Religionen nicht erfüllen, müssen wir uns schuldig fühlen. Und wir müssen befürchten, in die Hölle zu kommen. Schon wegen Kleinigkeiten, die völlig normal wegen unserer versklavten Lebensweise sind, befürchten wir tief in uns negative Konsequenzen. Wir möchten vielleicht andere Partner suchen, wir haben vielleicht Schwierigkeiten mit unseren Kindern oder mit den Angehörigen. Wir haben vielleicht Probleme in der Arbeit mit den Kollegen oder wir wollen einfach nichts mit Gott zu tun haben und als Folge davon fühlen wir, dass wir Schuld auf uns laden. Das Unglück begleitet uns im Innern, ob wir uns dessen bewusst sind oder nicht. Meist ist es uns das nicht, denn um diesen Schmerz zu vermeiden, haben wir viele Strategien entwickelt, um uns abzulenken, wo wir nur können.

Selbst wenn uns diese Versklavung der Religionen nicht klar ist, denn das gehört zu der Verschwörung dazu, dass wir nicht fühlen, wie sehr wir behindert werden in unserem Wachsen und in unserer Lebendigkeit, selbst dann wirkt sie tief in unserem Unterbewusstsein. Wir müssen uns ihr stellen und uns fragen, ob wir nicht lieber einen eigenen Weg gehen wollen, fernab von dem der Priestern und Pfarrern. Diese Lüge des entsetzlichsten Todes in der Hölle, die uns den Lebensatem raubt, ist es, was die Menschen in ihren Religionen festhält, was sie bei der Stange hält. Sonst hätten sie sie längst aufgelöst wegen Untragbarkeit und der Verbreitung von Lügen und Unglück. Zusätzlich wird den Menschen noch erzählt, dass diese Untragbarkeit die Wahrheit ist.

Eines Morgens sieht die Frau zu, wie sich die Nachbarn vor der Haustüre umarmen. Da sagt sie zu ihrem Mann: "Das ist das zärtlichste Paar, das ich jemals gesehen habe. Jedes Mal, wenn er weggeht, küsst er sie. Warum tust du das nicht?"

"Warum sollte ich das tun?" antwortet der Ehemann, während er in seiner Zeitung liest, "ich kenne die Frau doch kaum!"

Kein Mensch, der sich einer Religion zugehörig fühlt, ist frei von dieser Versklavung. Wir werden alle in bestimmte Lebensformen gepresst, die unserer Natürlichkeit nicht entsprechen. Hinzu kommt, dass jedes Wesen ein Individuum ist und damit einen individuellen Ansatz in Bezug auf die Existenz hat, der durch jede Religion in gröbster Weise zerstört wird. Nur angenommen, man könnte die Maxime der Religion, zu der man sich zugehörig fühlt, erfüllen, so wäre der Schmerz trotzdem gewaltig, denn das würde einem Verrat an sich selbst gleichkommen. Wie immer man es dreht und wendet, die Religionen verursachen größte Schmerzen für die Menschen. Und da ist es erst einmal egal, um welche es sich handelt. Ob Christentum, Islam, Judentum, Hinduismus, Buddhismus oder Voodoo, alle Religionen bilden ein System, in das sie ihre Anhänger mittels Androhungen eines entsetzlichsten Todes zwingen. Innerhalb der Systeme gibt es kein Entrinnen, die Aufgabe der eigenen Natur ist ihre Voraussetzung.

Die Menschen versuchen, diese Bedrohung zu überwinden, indem sie sich gegenseitig bestätigen, dass es keine Bedrohung gibt, und dass ihre Religion recht hat. Und das soll heißen, dass sie recht haben, wenn sie ein Mitglied dieser Religion sind.

Alles Unglück entsteht, weil die Menschen von ihren Priestern gelernt haben, sich selbst zu misstrauen, sich für schlecht und verdammenswert anzusehen, sich schuldig zu fühlen. Sie halten sich für unfähig, die Wahrheit der Existenz selbst herauszufinden. Und da die Priester genau wissen, dass das das Schlimmste für ihre Machtposition wäre, ist das auch die größte Sünde: Sich selbst auf den Weg zu machen; alleine ins Unbekannte zu gehen und Erfahrungen zu erleben, die sicherlich denen der Priester widersprechen.

Das Schüren der Alpträume verursacht großen Schmerz in der Welt. Dabei wird die Religion als Schleier benutzt, als kollektive Rationalisierung, um die Machtverhältnisse zu vertuschen. Die Politiker unterstützen die Religionen, um an der Macht zu bleiben, sie brauchen die Priester und deren Religionen, um ausbeuten zu können.

Niemand will begreifen, dass er liebenswert ist, so wie er ist. Vielleicht brauchen wir alle ein bisschen Feedback, wenn wir uns destruktiv verhalten. Doch wir werden schnell begreifen, was es heißt zu zerstören, wenn wir Konsequenzen fühlen, wenn wir destruktiv sind. Das sind jedoch nur Kleinigkeiten, das ändert nichts an unserer Liebenswürdigkeit. Ein Mensch, der sich selbst schätzt, wird automatisch auch andere schätzen, schützen und lieben. Lieben wir unsere Einzigartigkeit, unsere Schönheit, unser Gutsein, wird sich die Welt schlagartig verändern. Diese ganzen Horrors werden sich von selbst auflösen. Und damit auch der Horror des entsetzlichsten Todes.

Jeder wird verstehen, was es bedarf, wenn jemand seinen Körper verlässt und wie man sich selbst und ihn dabei unterstützen kann. Denn es ist keine sonderlich esoterische oder sonst irgendwie schwierige Angelegenheit, mit dem Tod umzugehen. Krankheit und Tod sind natürlich für den Körper, man tut, wie sonst auch, das, was unterstützt und hilfreich für den einzelnen ist. Das Verlassen des Körpers ist keine unnatürliche Angelegenheit, der man mit irgendwelchen Zaubersprüchen oder sonstigen Ritualen begegnen müsste, um Verderben abzuwenden. Kein Priester ist von Nöten, der einen vor der Hölle beschützen oder gar mit Gott in Verbindung bringen soll.

Jeder Mensch, der sich aus dem Griff der Religion und der Gesellschaft befreit hat und seinen eigenen Weg geht, wird ihn auch beim Verlassen des Körpers weiter gehen, so wie er eben immer gegangen ist. Und wenn man einem Sterbendem zur Seite stehen will, reicht der ganz normale Sinn für Harmonie, Ästhetik und Freude völlig aus.

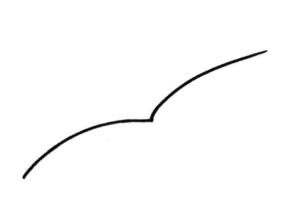

Die christliche Religion und ihre Symbole beim Sterben

2

Die christliche Religion
und ihre Symbole
beim Sterben

die christliche religion
und ihre symbole

das Christentum in einem christlichen Land zu kriti-
sieren ist eine heikle Angelegenheit. Denn keinesfalls
will ich die Gefühle der Menschen und meiner Freunde
verletzen, die vielleicht dieses Buch lesen werden. Ich
werde das beschreiben, was ich als wahr empfinde, doch
es ist mir klar, dass es einen Unterschied gibt zwischen
einem Christen und einem Menschen. Ich habe mich
entschieden, den Menschen zu sehen und mit ihm zu
kommunizieren, daher spreche ich auch so, als ob die
Christen Wesen fern ab von meiner Realität sind. Das
Christentum greife ich an, wohl wissend, dass es der einzelne ist, der es unterstützt und dass es nur dadurch leben
kann. Doch möchte ich, wie gesagt, niemanden verletzen,
so beziehe ich mich auf diese vage Masse der Christen
und des Christentums.

Ich arbeite in einem christlichen Heim, mein Weg hat mich dorthin geführt. Nicht dass ich es mir gewünscht hätte, ausgerechnet in ein christlich orientiertes Heim zu kommen, doch es ist eben passiert. Freundlich und unterstützend im Rahmen der Möglichkeiten bin ich dort empfangen worden und auch mein Sannyasname, ein deutliches Zeichen, dass ich ein Schüler Oshos bin, wurde nicht negativ aufgenommen. Die Menschen, die mir in diesem Heim begegnen, sind mir gegenüber alle freundlich und herzlich. Vielleicht hat mein Weg mich deshalb in dieses Heim geführt, damit ich Studienobjekte habe, damit ich noch besser sehen lerne, was so die gängigen Praktiken des Christentums beim Sterben sind. Im Grunde genommen wäre es egal gewesen, ob ich in einem speziell christlichem Pflegeheim arbeite, oder in einem privatem Heim, denn es ist überall das Gleiche. Die Art und Weise, wie man mit dem Tod umgeht, ist eben in diesem Land christlich geprägt.

Safari.
Die feine Dame fragt den Führer Löcher in den Bauch. "Was ist ein Löwe? Wie sieht er aus?"
"Ein Löwe hat ein braungelbes Fell mit einer Mähne und Sie kommen ihm besser nicht zu nahe."
"Und woher weiß ich, dass ein Nashorn vor mir steht?" fragt die Dame weiter.
"Nun, das erkennen Sie am Horn auf der Nase und am fülligen Körper. Wenn Sie ein Nashorn sehen, sollten Sie sich möglichst nicht mehr rühren."
"Und wie erkenne ich einen Elefanten?"
Der entnervte Safariführer antwortet:
"Oh, das ist doch ganz einfach! Wenn Ihnen ein

Elefant begegnet, dann erkennen Sie ihn sofort daran,
dass er leicht nach Erdnüssen aus dem Maul riecht."

Jede Religion bringt Illusionen auf, die als Wahrheit angesehen werden sollen. Das ist ein Grundtrick der Priester, denn so verlieren wir die Fähigkeit, Wahrheit von Illusion zu unterscheiden. Wir halten mit einer Lüge am Anfang als Basis dann jede weitere Lüge für möglich. Es gibt dies in jeder Religion. Im Buddhismus heißt es, dass Buddha von seiner stehend gebärenden Mutter auf die Füße fiel, zwei Schritte ging und dann sagte: "Ich bin das erleuchteste Wesen, das es gibt". Im Hinduismus gibt es Krishna, der 16 000 Frauen geraubt und verführt hat, außerdem einen Gott mit einem Elefantenkopf und einen Affengott. Im Taoismus gibt es den unüberwindbaren Krieger, der Wunder vollbracht hat, Mohammed flog mit seinem Pferd gen Himmel und Jesus wurde von einer jungfräulichen Mutter geboren, die vom Heiligen Geist geschwängert worden ist. Jesus weckte Tote auf und ausserdem ist er am Kreuz gestorben, danach fuhr er gen Himmel.

Diese Geschichten sind der Anfang der Religion und sie dienen dazu, den Verstand auf etwas Irrationales einzustimmen. Als gläubiger Christ kann man es sich nicht erlauben, die Himmelfahrt von Jesus anzuzweifeln. Und dann geht es weiter, wer A sagt, muss auch B sagen. Der Papst ist dann unfehlbar, die Rituale sind sinnvoll und selbstverständlich werden die Predigten für wahr genommen. Dass man alles auch anders sehen kann, wird unmöglich für den Christen.

Es ist eine lustige Sache, damit zu spielen, wie andere Religionen den Leidensweg Christi beurteilen. Ein Buddhist würde zum Beispiel sagen, dass ein Mensch, der so leiden muss, der sogar gekreuzigt wird, schlechtes Karma auf sich gezogen hat. Er muss in einem früheren Leben ein sehr böser Mensch gewesen sein. Ein Taoist würde vielleicht sagen, dass dieser Jesus von dem Sinn des Lebens nichts verstanden hat, denn das Leichte ist das Richtige und Jesus hat sich's wirklich schwer gemacht. Ein Jaina (eine indische Glaubensgemeinschaft) würde sich nur in Grausen vor so einem Fleisch essenden und Wein trinkenden Menschen abwenden, der sich noch dazu mit Prostituierten herumtreibt, der den Anspruch von Gewaltlosigkeit in keiner Weise erfüllt, wenn er zornig die Geldwechsler aus dem Tempel treibt. Osho sagt unter anderem, dass Jesus ein psychisch kranker Mensch war, der die Hilfe von Psychiatern in Anspruch hätte nehmen müssen, denn wenn jemand von sich behauptet, der einzige Sohn Gottes zu sein, dann ist das nichts anderes als krank.

Es gibt viele verschiedene Ansätze, wie man Jesus Leben sehen kann. Das Christentum hat sich für eine Variante entschieden, die destruktiv wirkt. Das Leiden und der Schmerz wird betont, und dann kommen wieder diese Lügen. Jesus soll uns alle am Kreuz erlöst haben von unseren Schmerzen. Er konnte sich selbst nicht erlösen, und mich hat er auch nicht von meinen Schmerzen erlöst, obwohl ich getauft war. (Osho hat mich übrigens auch nicht von meinen Schmerzen erlöst, das musste (durfte) ich dann schon selbst machen.)

Rein theoretisch hätte ein christliches Symbol auch der heilende Jesus, ein segnender junger Mann, ein Berg, weil Jesus dort mit Gott in Verbindung trat oder das Feuer sein können. Jesus war ein sehr feuriger Mann und das Feuer steht in der Bibel für Gott. Doch das Christentum wählte den gefolterten und barbarisch sterbenden Jesus am Kreuz. Diese Entscheidung sagt für mich genau das aus, worum es mir hauptsächlich geht: Im Christentum wird Schmerz und entsetzliche Foltermethoden als etwas Gutes dargestellt.

Es ist als ob man einen bitteren Bonbon mit den Worten bekommt: Der ist aber süß! Glaube an die Süße oder du kommst in die Hölle! Wir sind alle schon so auf dieses Leid geprägt, dass wir es nicht mehr sehen. Wenn in Horrorfilmen abgeschlachtet und gemordet wird, dann erregen wir uns darüber, wir fürchten, dass die Kinder und auch alle anderen Zuseher negative Auswirkungen erleben.

Doch überall im Lande hängen diese Jesuse am Kreuz, die offensichtlich gemachten Zeichen von der Folter und Unmenschlichkeit. Jeder ästhetische Mensch, der diesen leidenden Christus sieht, bekommt eine Gänsehaut, denn diese unverhohlene Darstellung und Anbetung von Grausamkeiten bringt einen in tiefste Verzweiflung. Der Bonbon ist bitter, nicht süß! Wenn man es sich erlaubt, ihn wirklich zu schmecken, dann erfährt man seine Bitterkeit, von Süße keine Spur.

Eine weitere für mich ziemlich abartige Tatsache des Christentums sind die Leidenswege und Passionen, die von Pilgern nachgereist oder gegangen werden. An jeder Station sieht man die Menschen um Jesus und ihn selbst in psychisch fürchterlichen Situationen, die einem das Herz brechen können. Die Pilger, die sich freiwillig auf solch einen Pilgerweg begeben, sind für mich psychisch krank. Und zwar genauso wie diejenigen, die man oft in den Psychiatrien findet: Menschen, die sich Zigaretten auf dem Arm ausdrücken oder sich mit Messern schneiden. Das Leiden ist wie eine Lust, es ist eine Befriedigung für sie, zu leiden. Im Gegensatz zu den Pilgern bekommen sie verschiedene Therapien und Medikamente und alles wird versucht, sie von ihrer Perversion zu heilen. Pilger werden dafür heilig gesprochen.

Diejenigen, die sich größtes Leid zufügen, oder denen größte Schmerzen zugefügt werden, werden in den Kirchen zu Heiligen. Man stellt die Qualen der Foltermethoden, mit denen sie umgebracht wurden, genüsslich dar. Ich mache die christliche Kirche und ihre perversen Praktiken für die psychisch kranken Menschen verantwortlich, die sich selbst verstümmeln.

Die Welt ist in einem verrückten Zustand, wenn man sie mit klaren Augen betrachtet. Selbst dort, wo es nicht offensichtlich Mord und Totschlag gibt, wird subtil oder offen versklavt, wird ausgebeutet, weggenommen und gedemütigt. Es werden überall Ängste und Horrors geschürt und der Einzelne wird dazu gezwungen, sich an allem zu beteiligen. Es gibt das Rennen um Macht und Ansehen. Dieser wahnsinnige Wettlauf hat sich scheinbar zufällig gerade besonders in den christlichen Ländern ausgebreitet, mit all seinen Begleiterscheinungen. Ich verstehe nicht genau, womit das zusammenhängt, doch ist es offensichtlich, dass dieser Wahnsinn in christlichen Ländern besonders ausgeprägt ist.

Vielleicht hängt das auch mit der Frauenfeindlichkeit zusammen, die das Christentum so deutlich darstellt. Bei den Katholiken ist sie offensichtlich, bei den Protestanten subtiler. Nicht dass ich sagen würde, dass es sich in der heutigen sogenannten kultivierten Zeit noch jemand erlaubt, offen gegen Frauen zu sein, doch subtil wird eine Frau abgelehnt, wenn sie sich wie eine Frau gibt. Weibliche Energien sind tabu im Christentum, da wird nur die männliche Aggression akzeptiert. Die männliche Herangehensweise an die Dinge wird aufrechterhalten, das war früher so und ist heute immer noch so. In der Dreieinigkeit gibt es keine weibliche Energie, und außer als Mutter oder Dienerin wird eine Frau nicht geschätzt. Wir Frauen müssen uns in dieser christlichen Kultur sehr männlich geben, um überhaupt überleben zu können.

Wenn die weibliche Energie abgelehnt wird, dann damit auch subtile und feine Schwingungen. Denn die Herangehensweise einer Frau ist, wenn es ihr erlaubt wird, weiblich zu sein, liebevoll, mitfühlend und einfühlsam. Nicht dass ich Männer in negative Schubladen stecken wollte, nicht, dass Männer nicht auch einfühlsam und sensibel sind – nein, ich beziehe mich auf die männlichen und weiblichen Energien. Auch Frauen sind oft ziemlich machtbesessen und leben männliche Energien destruktiv aus. Doch das Christentum vertraut der destruktiven Männlichkeit, daher ist es so fasziniert von Morden und Qualen.

Pater Porter, der Missionar, macht eine Inspektionsfahrt durch alle seine Stationen in Afrika. Er kommt an der kleinen Außenstelle in Ogaboga an, wo Chef Bonga, der Dorfälteste, den alten Missionar stolz herumführt.
"Sag mir," fragt Pater Porter, "glaubst du, dass unsere katholische Religion irgendeinen Fortschritt hier in deinem Dorf bewirkt hat?"
"Ich bin mir völlig sicher, dass sie das hat," antwortet Chef Bonga begeistert. "Heutzutage essen wir freitags immer Fischer."

Ein weiterer Punkt ist, dass das Christentum von nur einem Leben ausgeht. Daher herrscht in dieser Kultur besonders die Angst vor dem Tod und zugleich bewirkt diese Angst einen starken Lebenshunger. Wir befürchten, dass wir nicht genug Zeit haben, um unser Leben erfüllt zu gestalten und rennen daher allem nach, was einen Lustgewinn verspricht. Im Innern tragen wir das Leid Christi mit uns herum, selbstverständlich auch die Angst vor der Hölle und das Wissen, dass wir sie bei unserem schuldvollem Lebenswandel nicht umgehen können. Nach Außen versuchen wir alles zu vermeiden, was mit diesem Schuldgefühl zusammenhängt und suchen die Ablenkung und die Aufregung. Das Ganze nennt sich dann: "Lebensorientiert". Je lauter und stressbringender etwas ist, umso mehr verspricht es "Lebendigkeit". Unser Sinn für das Leben in all seinen Schattierungen ist verloren gegangen wegen des tiefen Leids, das uns von allen Seiten hier in dieser christlichen Welt gezeigt wird.

Ein Effekt des in das Leiden verliebte Christentums ist auch, dass die Grundschwingung im Land eine große Sentimentalität ist. Was immer auf die Tränendrüsen drückt, ist erwünscht und darf nicht kritisiert oder gar als schädlich angesehen werden. Wir werden bombardiert mit Druck, der uns in Gefühle zwingt. Meines Erachtens ist das Leben viel unemotionaler, als ich es in dieser christlichen Welt kennen gelernt habe. Dies hat eine Vergröberung zur Folge, denn wenn die Dinge emotional sind, werden sie grob und unästhetisch. Osho sagt, dass das Christentum das tödlichste Gift ist – ich bin dabei, das verstehen zu lernen. Gerade weil ich damit beginne, Bezug zu nehmen auf das Sterben und weil ich sehe, wie man in einem christlichen Land in die Verzweiflung im Todesprozess getrieben wird, ist es leicht, diese Aussage als wahr anzunehmen.

das christentum und das sterben

Wenn man kein meditierender Mensch ist, dann ist das Sterben voraussichtlich schmerzhaft. Alleine deshalb, weil man nicht gelernt hat, den Körper, das Denken und die Gefühle loszulassen. In einer christlichen Kultur ist es aber noch schwieriger als in einer anders gläubigen, friedlich zu sterben, denn das Christentum fördert die Verkörperlichung. Das heißt, die Identifikation mit dem Körper in jeder Hinsicht. In anderen Religionen wird wenigstens angedeutet, dass wir nicht der Körper sind, sondern mehr, doch im Christentum heißt es, dass das Ich Körper und Seele ist. Ein Druck herrscht vor, sich ins sogenannte Leben zu stürzen, und das bedeutet, sich völlig dem Körper, dem Denken und den Gefühlen zu ergeben und zu glauben, dass diese drei Bereiche uns ausmachen. Die Verzweiflung eines Sterbenden ist unter diesen Umständen groß, bedeutet es doch, dass wirklich er stirbt, er vergeht, er unfähig wird und er dahin siecht.

Es herrscht die Meinung vor, dass man sich als Sterbender so lange wie möglich in die Wege der Lebenden einfügen muss. Das bedeutet zum Beispiel, dass die alten Menschen mit üblicher Radio – und Volksmusik, auch mit Schlagern bombardiert werden, mit Aktivierungsangeboten, die sie in die grobe Schwingung der anderen, jüngeren und gesünderen Menschen bringen sollen. Sie werden zurückgeführt in ihre Biografien, in ihre Vergangenheit, gerade um den Identifikationsprozess zu fördern. Es wird nicht erlaubt, dass der natürliche Loslösungs- und Rückzugsprozess geschieht, dass eine Verinnerlichung und Verfeinerung der Sinne, dass eine gute Leere entsteht.

Vor kurzem las ich in einer Zeitung einen Artikel über ein Hospiz für Kinder. Darin wurde stolz berichtet, dass die sterbenden Kinder noch bis zwei Tage vor ihrem Tod in die Schule gingen. Mich hat diese Aussage berührt, zeigt sie doch wieder mal die christliche Einstellung, dass der Tod ein Tabu ist, dass die Angst, etwas zu verpassen sehr groß ist. Dieser Lebenshunger der Christen ist ausgeprägt...doch wozu? Um in die Schule zu gehen? Was kann man noch Wesentliches vom Leben geschenkt bekommen, wenn man in der Schule sitzt und von einem Lehrer belehrt wird?

Ich würde mein sterbendes Kind nicht in die Schule schicken, es sei denn, es wollte es. Aber wenn es das wollte, dann würde ich ihm jeden Tag eindringlich sagen: "Gehe hin. Schaue zu, was da geschieht, ob es dir noch etwas bringt für dein kurzes Leben, das du noch haben wirst. Du musst lernen, dich von allem zu verabschieden, von deinen Freunden, von den Lehrern, von der ganzen Schule, von deinen Eltern. Du musst lernen, dich von diesem Leben zu verabschieden, es loszulassen und gehen zu lassen, wohin es will. Und nutze die Gelegenheiten, die dir noch geschenkt werden. Wenn du noch etwas erleben willst, dann sag es, ich will versuchen, es geschehen zu lassen."

Ich kann mir vorstellen, dass ein Kind unter solchen Umständen etwas anderes erleben will, vielleicht Achterbahn fahren oder das Meer sehen oder einfach nur mit Freunden und den Eltern spielen. Auch hier würde ich versuchen, ihm feine Schwingungen nahe zu bringen, so wie ich es später noch deutlich ausführe, doch den ganz normalen Wahnsinn, Alltag genannt, aufrecht zu erhalten, das würde ich bestimmt nicht tun.

die spaltung
in einen wahren rückzug und
eine erzwungene außenorientierung

Wenn jemand sich in einem Sterbeprozess befindet, ist er gewöhnlich in einer schwierigen Lage. Denn seine Energien ziehen sich zurück, seine Wahrnehmung verfeinert sich, und er bekommt ganz natürlich Ahnungen von seiner Innerlichkeit und seinen subjektiven Prozessen. Das Problem ist, dass er zugleich von den Angehörigen und anderen Bezugspersonen in die äußere Welt gezogen wird, die aber genau diese Feinheit ablehnt und negiert. So muss er sich entscheiden zwischen seinen subjektiven Empfindungen und dem, was die anderen ihm vermitteln wollen. Sie wollen ihn in seine frühere Gewohnheiten, seiner alten Art und Weise bringen, sie wollen, dass er der Gleiche ist, so wie sie ihn kannten.

Ich habe es erlebt, wie Sterbende, die bereits ziemlich diese Welt verlassen hatten, mit Schütteln und lautem Ausrufen ihrer Namen, mit dem sie am meisten identifiziert sind, wieder in diese verdichtete, für sie schmerzvolle Welt, zurückgebracht wurden. Es gibt viele Ansätze in der Pflege, Sterbende zu quälen mit gutgemeinten Therapien. So will man zum Beispiel mit Stimulationen des Körpers und der Sinne sie wieder ins Leben zurückbringen – für uns ist dieses Leben Normalität, für den Sterbenden ist diese Normalität Grobheit und Verdichtung. Er ist in einem Prozess der Auflösung und alles was ihn in den Körper oder ins Denken oder in die Gefühle zieht, bereitet ihm Schmerzen.

Die Verzweiflung ist groß, denn dieser Widerspruch zwischen den zwei Welten ist für jemanden, der darüber noch nichts gehört hat, unlösbar. Seine Energie geht nach Innen, die Umgebung zieht ihn aber nach Außen, und sein christliches Denken sagt ihm, dass er falsch ist, dass er Schuld auf sich lädt, wenn er seinen Energien und sich selbst vertraut. Er hält sich mehr und mehr an die Kirche, in der Hoffnung, Untertützung in seinem Loslösungsprozess zu bekommen, doch die gibt ihm keine Hilfe. Sie redet von den Illusionen und Träumen, die in der Wahrheit der Verzweiflung des Sterbenden keinen Platz haben. Sie spricht davon, dass Jesus die Sünden erlöst und am Kreuz gestorben ist und der Sterbende fühlt nur, wie etwas völlig anderes mit ihm geschieht.

Er leidet sehr und fühlt sich wegen seiner Verinnerlichung schuldig. Ist der Sterbeprozess schon ziemlich weit fortgeschritten, das heißt, dass das Denken nicht mehr so gut funktioniert, sieht er nur noch den qualvoll sterbenden Jesus, der ihm meist noch vor die Nase gehalten wird, und damit sieht er die Negativität des Sterbens schlechthin. Die Worte dazu versteht er nicht, er sieht nur die Schmerzen von Jesus beim Sterben. Selbst wenn er Ansätze für einen beruhigten Tod hätte, so gibt ihm das Kreuz mit Jesus eine Ausrichtung auf sein eigenes Leiden. Es wird verstärkt.

Zugleich wird die Sentimentalität des Sterbenden gefördert. Er wird in dichte Gefühle gezogen und damit wieder in die materiell orientierte Welt. Die Angehörigen üben mit ihrer Trauer und ihrem Festhalten an ihm einen starken Druck auf ihn aus und er selbst wird durch seine Angst vor dem Tod gelähmt. Dann kommen die Priester und Pfarrer, murmeln irgendwelche Gebete und gehen wieder, sie lassen den Sterbenden alleine, was noch die bessere Variante ist. Wenn sich ein Priester weiterhin mit dem Sterbenden befasst, wird alles noch schlimmer, denn der Priester will den Loslösungsprozess nicht unterstützen – im Gegenteil, er versucht, den Sterbenden in den Illusionen zu halten, in denen er sein Leben über auch gefangen war.

Wenn man jedoch im Sterben liegt, dann hat man einen Sinn für Wahrheit, selbst wenn das eigene Denken christlich geprägt ist. Schließlich ist das Sterben ein existenzieller Prozess. Es kann sein, dass man, wie gewohnt, trotzdem seinem christlichen Denken folgt und den Sinn für Wahrheit unterdrückt, weil man keinerlei Unterstützung in seiner Energie bekommt. Doch verursacht dies wieder eine Spaltung und damit zusätzliche Schmerzen. Eine große Verzweiflung breitet sich aus, denn man zweifelt an sich und vertraut dem Priester, an was soll man sich sonst auch halten, hat man ihm doch sein Leben lang vertraut. Im Leben hatte das allerdings keine Konsequenzen, beim Sterben hat es große Konsequenzen.

Oft habe ich einen hilflosen Blick von Sterbenden gesehen, wenn sie versuchen, den Widerspruch ihres Seins mit der Normalität ihrer Umgebung aufzulösen, indem sie Zuflucht bei dem Priester und seinen Symbolen suchen. Aber es funktioniert nicht. Das Sterben geht tief, es ist ein intensiver Prozess, die Oberfläche der Religion kann es nicht berühren.

Ein Begräbniszug der teuersten Variante zieht an dem Obdachlosen vorbei. Zuerst eine Musikkapelle, dann mehrere schwarze Limousinen, mit Blumen geschmückt, dann der Leichenwagen, in dem unter Glas der Sarg liegt. Ihm schließt sich eine lange Prozession trauernder und weinender Menschen an.
"Mein Gott, das nenn' ich Leben!"

die verstärkung des leidens

das Christentum fördert, wie ich schon ausführte, sentimentale Emotionen. Das bedeutet für die Angehörigen, genauso wie für den Sterbenden selbst, dass sie von der Bürde des Todes gedrückt werden, gedemütigt werden, in ihrem Versuch, die Situation heil zu überstehen. Eine düstere, bedrückende Atmosphäre breitet sich aus und jeder Beteiligte leidet in der einen und der anderen Weise. Ein Blick auf den Gekreuzigten und man weiß, dass das alles so sein muss, man fühlt sich bestätigt. Für mich ist das eine große, unnötige, unästhetische Verirrung. Dass das Loslassen des geliebten und gewohnten Menschen manchmal Tränen in die Augen treibt, dass wir uns manchmal traurig fühlen, ihn loslassen zu müssen, ist eine Sache. Doch in der momentanen christlichen Wirklichkeit beherrscht eine sehr schmerzhafte Düsterkeit die Situation. Vielleicht ist ein Teil des Schmerzes auch, hilflos mit ansehen zu müssen, wie der geliebte Mensch in Leiden stirbt. Keiner ist sich dessen bewusst, dass dies an den Maximen der christlichen Kirche liegt, keiner wollte das überhaupt sehen, müsste er sich doch dann in einen Gegensatz zu der Gesellschaft begeben.

Der Umgang mit einem Sterbenden ist hierzulande höchst destruktiv. Es gibt gar nichts in der christlichen Religion, was einen sterbenden Menschen wirklich und energetisch erheben könnte, es gibt nur bloße Worte. Märchenerzählungen, die schön anzuhören sind, doch keine Substanz dahinter haben. Es wird von Gott und Hoffnung gesprochen, vom jüngsten Gericht, von der Erlösung der Sünden und von der Auferstehung, doch im Hier und Jetzt des Sterbens hat dies alles keine Bedeutung.

Da ist kein Gott und die Hoffnung ist wie eine Illusion. Das jüngste Gericht bringt einen wieder in Schuldgefühle, die man hat für Dinge, die man getan hat. Man weiß nicht, dass sie nur deshalb geschahen, weil man keine Akzeptanz seines natürlichen Seins erfahren hatte. Man wurde misshandelt und misshandelte andere, doch dies geschah aus einem Mangel an positiven Erfahrungen heraus. Dies als Sünde hinzustellen, empfinde ich als eine grobe Missachtung unserer aller Menschlichkeit.

Die Geschichte von der Auferstehung bleibt ohne Realität. Selbst wenn sie einen tieferen Sinn hätte, das Christentum hat ihn verloren. Und auch wenn die Geschichte wahr wäre, dass Jesus gen Himmel flog, was nutzt es uns jetzt? Und abgesehen davon, was macht er da? Im Himmel bei den Planeten?

Wenn man wollte, könnte man den ganzen Glauben der Christen zerstückeln. Inklusive Gott, der es zulässt, dass die Menschen so elendig sterben müssen. Die Sterbenden und die Trauernden werden wieder einmal mit bitteren, wenn nicht giftigen Bonbons vertröstet, von denen erzählt wird, dass sie süß sind, doch sie schmecken fürchterlich bitter.

Alle christlichen Bräuche in Bezug auf das Sterben betonen die Dunkelheit und den Schmerz, das Leiden. Die schwarze Kleidung, die Trauermusik, der Gottesdienst, bei dem ein Priester mit Trauermiene etwas über den Verstorbenen spricht, traurige Gesänge. Dann steht man bei dem Grab und wirft Erde hinein – das alles dient keineswegs der Erhebung, sondern fördert nur die sentimentalen Emotionen von Trauer und Bedrücktsein, von Leiden. Der Leichenschmaus scheint da eine Ausnahme zu bilden, die ich begrüße.

Es gibt in der Bibel Zitate von Jesus, in denen er die Auferstehung und die Hoffnung verspricht, wenn man an ihn glaubt. Auch das ewige Leben verspricht er. Doch dies sind jetzt bloße, hohle Worte, es gibt keinen energetischen Hintergrund mehr dafür. Es ist kein Wunder, dass es mehr und mehr Bestrebungen gibt, die Begräbnisse anders und positiver zu gestalten. Doch dies sind nur kleine, zaghafte Versuche und sie können auch nicht gelingen, wenn der Hintergrund, das Christentum, nicht abgeschafft wird.

Hiermit beende ich den Teil dieses Buches, der sich mit dem Christentum und der damit dunklen Seite des Sterbens befasst. Ich wende mich nun der fröhlichen und ekstatischen Seite zu.

Das Individuum
und sein Sterben

Das Individuum

und sein Sterben

das individuelle leben

Wir bleiben was wir sind. Ob wir leben oder sterben. Was für Veränderungen wir auch durchlaufen, wir bleiben, was wir sind. Unsere Grundnatur wird nicht verändert, ob wir alt oder jung sind. Selbst wenn wir uns nur an unserer Oberfläche bewegen und von unserer wahren Natur nichts mitbekommen, so ist unser Ansatz, wie wir mit den Dingen des Lebens umgehen, doch immer der gleiche, individuelle.

Wir sind Individuen, ob wir uns so verhalten oder nicht. Die meisten Menschen orientieren sich an den anderen, so dass sie ihre Individualität nicht sehr ausgeprägt leben. Und trotzdem haben auch sie ihre eigene Art und Weise, die aber erst noch von ihnen entdeckt werden muss. Dafür ist Meditation da, sie hilft jedem, seine ureigene Natur zu entdecken und zu leben.

So wie wir leben, so sterben wir auch. Es ist nicht so, dass wir im Tod plötzlich etwas erleben, was uns völlig ändert und uns für neue Dimensionen öffnen kann. Das geht nur, wenn wir uns schon im Leben neuen Bereichen geöffnet haben. Alle Erfahrungen, die wir gemacht haben, die Lehren, die wir aus unserem Leben gezogen haben, wirken und lassen einen individuellen Weg entstehen, den wir gehen. Im Tod gehen wir ihn weiter, genauso wie im Leben. Dieser individuelle Ansatz geht sehr tief und gerade im Tod fordert er großen Mut. Denn da gibt es viele gesellschaftliche Forderungen, eigene und die der anderen, sich doch den kollektiven Meinungen anzupassen und es ist schwer, trotzdem unbeirrt seinen eigenen Weg zu gehen. Doch wenn wir bereits im Leben geübt haben, uns zu vertrauen, unserer ureigenen Herangehensweise zu vertrauen, unserer eigenen Art, wie wir bestimmte Dinge entstehen und andere vergehen lassen – wenn wir dies bereits geübt haben, dann wird der Tod zum Höhepunkt unseres Lebens. Der Weg, den wir bisher gegangen sind, kulminiert im Tod.

Er ist auch nur eine weitere Situation von den vielen, die uns bereits begegnet sind. Wir haben leichte und schwierige Momente erlebt, und sind doch immer durchgekommen, alles ging weiter. So ist das beim Verlassen des Körpers auch. So wie wir durch ungewohnte Situationen gegangen sind – vielleicht sind wir einmal umgezogen und mussten uns in der Fremde zurechtfinden. Vielleicht hatten wir das Auseinanderbrechen einer Freundschaft oder Liebe erlebt und mussten uns alleine weiterhelfen. Oder wir fanden uns glücklich und lachend wieder. Diese Momente im Leben lassen in uns bestimmte Herangehensweisen entstehen, denen wir völlig vertrauen sollten.

vertrauen
zum eigenen organismus

In unserem Leben sind wir sehr vielen Einflüssen ausgesetzt. Wir sehen andere Menschen, wie sie dies und das besser können, wie sie scheinbar fähiger sind in der Bewältigung des Lebens. Ihr Weg erscheint vielversprechender als unserer. Dann gibt es noch die Fachleute, die uns erzählen, was wir wann und wie viel zu uns nehmen sollen, wie wir uns verhalten sollen, was wir uns anschaffen und was wir vermeiden sollen. Wir sind sehr empfänglich für die Ergebnisse der Wissenschaftler und der Meinungsbilder in der Gesellschaft und neigen dazu, unsere eigene Art und Intuition nicht wichtig zu nehmen. Denn sie erscheint so unfähig und unzulänglich im Vergleich zu all den klaren Köpfen um uns herum.

Dann gibt es noch die Gutmenschen, die nie müde werden, uns mit gutgemeinten Ratschlägen zu überschütten, was wir doch unbedingt tun sollten, damit es uns besser ginge und dass alles kein Wunder ist, wenn wir Schwierigkeiten haben, denn wir hören ja nicht auf sie. Das sind unsere Bekannten, unsere Verwandten, unsere Kollegen. Ohne die Implikationen zu wissen, versuchen sie, uns von unserem eigenen Ansatz abzubringen, der sich erst zart entwickeln muss und eigentlich jede Unterstützung von ihnen bräuchte.

Unser eigener Organismus beinhaltet unseren Körper, unser Denken, unsere Gefühle, unsere Klarheit und unsere Bewusstheit, auch unsere unbewussten Impulse. Selbst wenn wir nur wenig Klarheit besitzen, so ist es doch besser, sich selbst zu vertrauen, als etwas anderem, das von außen kommt. Buddhas letzte Worte sind: "Sei dir selbst ein Licht".

Und selbst wenn unser Licht nur eine kleine Funzel ist, es ist besser, seinem Sosein zu vertrauen, als Maxime im Außen zu befolgen.

Dass dies keine Egozentrik bedeutet, ist klar, denn auch im Außen finden wir Anregungen oder Inspirationen – es liegt nur an uns, sie anzunehmen. Eine Umkehr auf uns selbst und gleichzeitig eine Öffnung für die Umgebung ist es, was uns unseren Weg leicht und freudig gehen lässt. Dabei sollten wir das für mich oberste Gebot nicht vergessen: Vertraue deinem Organismus, deiner Art zu sein, deiner Herangehensweise und gehe sie weiter.

Zwei Freunde sitzen in der Bar und betrinken sich. Es wird spät und der eine sagt: "Oh je, jetzt muss ich nach Hause. Es ist furchtbar, ich kann so leise sein wie ich will, immer wacht meine Frau auf und dann gibt es Zoff mit ihr. Wie ist das bei dir?"
"Ach, du machst das ganz falsch" meint der andere. "Wenn ich nach Hause komme, dann singe ich laut, knalle mit der Haustür, trample die Treppe hoch, stoße die Schlafzimmertüre auf, gebe meiner Frau einen Klaps auf den Hintern und sage zu ihr: 'Na, Baby, wie wär´s mit uns beiden?' Und stell dir vor, sie schläft immer tief und fest!"

Wir sind bisher so erzogen worden, den Autoritäten zu vertrauen und ihnen zu folgen. Ob es nun die Eltern, die Lehrer, die Vorgesetzten, die Wissenschaftler oder die übliche Meinung ist, wir wurden darauf trainiert, den gängigen Vorstellungen zu folgen. Mal abgesehen davon, dass dies sowieso problematisch ist, weil sie nichts mit unserer natürlichen Individualität zu tun haben, gibt es zusätzlich noch das Problem, dass sie so unterschiedlich sind. Wenn wir uns für einen Weg entschieden haben und diesen eine Weile gehen, dann kommt bestimmt eine andere Meinung, die wir dann übernehmen, und damit zerstören wir das, was wir bereits aufgebaut haben. Es ist als ob wir mit der einen Hand etwas aufbauen und es mit der anderen wieder zerstören. Es entsteht nichts, wir lernen nichts daraus, denn wir vertrauen unseren Erfahrungen nicht. Nur wenn wir konstant unseren eigenen Weg gehen, entwickeln wir uns weiter, eine Erfahrung baut auf der anderen auf. So wir haben eine Basis von der aus wir erblühen können.

Das bedeutet nicht, dass wir alleine leben und zum Aussteiger werden, auf der falschen Straßenseite fahren oder sonstiges machen, nur weil wir unser eigenes Leben leben wollen. Im Außen können wir ganz gewöhnliche Arbeiten erledigen, eine Beziehung haben und sonst auch nichts besonderes sein. Und doch zugleich sehr individuell leben.

Wenn wir unserem Organismus vertrauen, dann essen wir bestimmte Dinge, weil sie gut für uns sind, wir schlafen zu bestimmten Zeiten, weil uns dies erfrischt und wir arbeiten in einer bestimmten Weise, weil uns dies entspricht. Es sind kleine Sachen, die jedoch unserer völligen Aufmerksamkeit bedürfen, denn aus den kleinen Sachen entstehen dann langsam die großen Entscheidungen. Wir haben gelernt, uns zu vertrauen und können daher dann auch Wichtiges leicht entscheiden, wie zum Beispiel wo ich wohne und unter welchen Umständen und anderes. Wenn wir einfach uns selbst im Alltag vertrauen, wird sich etwas daraus entwickeln, was sehr hilfreich ist. Für unser Leben und auch für unser Sterben.

vom ästhetischen leben
zum ästhetischen sterben

So wie wir leben, so sterben wir auch. Haben wir einen ästhetischen Ansatz im Leben, wird er uns auch im Sterben erhalten bleiben und uns zu dem Höhepunkt des Lebens führen.

Was verstehe ich nun unter Ästhetik?

Erst einmal gibt es die offensichtliche Ästhetik, das bedeutet die offensichtliche Schönheit. Verbringen wir unser Leben in Klarheit, Ordnung, Sauberkeit, umgeben uns mit schönen Dingen, lieben das Künstlerische, hören bestimmte Musik und Klänge und haben einen Bezug zur Natur, dann sagt man gewöhnlich, dass man einen ästhetischen Ansatz hat. Diese Art der offensichtlichen Ästhetik ist sicherlich ein wichtiger Aspekt, doch für mich nicht der entscheidende.

Für mich bedeutet Ästhetik, dass wir uns leeren und das Lied, das die Existenz durch uns singen will, entstehen lassen. Dabei kann eine offensichtliche Ästhetik herauskommen, muss es aber nicht. Zumindest nicht anfangs.

Wenn wir unser Ich-Gefühl aufgeben und die Leere in uns zulassen, singt die Existenz durch uns. Sie wird uns zuerst heilen und das ist immer ein schmerzlicher Prozess. Denn unsere Wunden werden wieder geöffnet und versorgt, das heißt, wir kommen in Situationen, die wir bestimmt vermieden hätten, weil sie eben so schmerzhaft für uns sind. Dies ist aber nur der Anfang. Die Existenz bringt uns dann weiter auf unserem Weg und sie bringt uns in die ureigene Ästhetik, die dann nicht mehr nur aufgemalt und aufgesetzt ist. Einen ästhetischen Ansatz im

Leben zu haben ist schon wertvoll an sich, doch die wirklich existenzielle Ästhetik geht weit darüber hinaus. Sie ist nicht offensichtlich, es kann sein, dass man wie ein unbehauener Klotz ist, kein schön polierter Stein, doch die Energie, die dahinter steht, ist höchst ästhetisch. Sie besteht aus Wahr-heit, Bewusstheit, Schönheit. Diese drei Attribute sind es, die die wahre Ästhetik ausmachen.

wahrheit, bewusstheit, schönheit – das religiöse leben

Zu einem ästhetischen Leben und Sterben gehören diese drei Elemente. Wer in Wahrheit lebt, das heißt, sich fragt, was die Wahrheit ist, sich ihr annähern versucht, der findet automatisch zur Ästhetik. Wenn wir bewusst leben, aufmerksam auf unseren Körper, unser Verhalten, auf die kleinen Dinge des Lebens sind, dann können wir nicht anders als ästhetisch sein. Gleiches gilt für die Schönheit. Sie zu fördern und zu unterstützen, bringt uns in einen ästhetischen Ansatz. Doch auch umgekehrt passiert es: Je wacher wir leben, umso mehr geschehen uns diese drei Elemente.

Im Schulunterricht geht es gerade um die Wale. Der Lehrer sagt, dass es körperlich unmöglich für einen Wal sei, einen Menschen zu verschlucken, denn obwohl er ein sehr großes Säugetier ist, sei sein Hals doch sehr schmal.
Ein kleines Mädchen weist darauf hin, dass Jonas von einem Wal verschluckt wurde.

*Irritiert legt der Lehrer noch mal dar, dass ein Wal
keinen Menschen verschlucken könne – unmöglich.
Das kleine Mädchen sagt: "Wenn ich in den Himmel
komme, dann werde ich Jonas fragen."
Der Lehrer fragt: "Und was machst du, wenn Jonas
in der Hölle ist?"
Das kleine Mädchen antwortet: "Da können Sie ihn
dann fragen."*

Meditation bringt uns diese drei Elemente, Wahrheit, Bewusstheit, Schönheit. Meditation bedeutet, leer zu sein und die Existenz durch einen wirken zu lassen.

Es geschehen viele Dinge im Leben eines ästhetischen Menschen, die auch in seinem Sterben von Wichtigkeit sind. Sich der Wahrheit über sich selbst zu stellen, hilft sehr, im Leben wie im Sterben. Wir bekommen dadurch überhaupt erst einen Sinn für Wahrheit. Wenn wir uns zu fragen beginnen: Was ist die Wahrheit, bin ich wirklich so und so oder mache ich mir was vor?, dann zentrieren wir uns auf das Wesentliche. Und lernen es über uns selbst kennen. Wir können dann über uns lachen, über unsere Art zu sein, weil wir einen Sinn für die Wahrheit und das Wesentliche entwickelt haben. Wir brauchen nichts zu ändern, es genügt, uns zu sehen wie wir sind und unsere Unwahrheiten werden von selbst fallen. Denn wir werden sie nicht mehr unterstützen, wir sehen, dass sie uns nichts Wirkliches bringen.

Es ist sehr notwendig, beim Sterben in der Wahrheit zu sein. Denn nur so verstehen wir, was uns der Moment, bei dem uns keiner helfen kann, sagen will, wie wir uns verhalten sollen. Wir sind nicht in der Gefahr, uns in Illusionen zu begeben, die dann durch den Tod rüde zerstört werden und daraufhin bleiben wir schockiert zurück.

Wenn wir gleichzeitig noch aufmerksam sind und unsere ganzen automatischen Handlungen in individuelle durch Zuschauen und Wahrnehmen umändern, dann werden uns verschiedene Dinge klar, wie zum Beispiel, dass der Tod immer und jeden Moment geschehen kann. Wir können uns nicht vertrösten mit falschen Annahmen, dass der Tod erst im späten Alter geschieht oder nur den anderen trifft, nicht uns. Die Bewusstheit von der Notwendigkeit, sich von Allem jeden Moment zu lösen, ist die Voraussetzung für einen bewussten und damit ästhetischen Tod.

Ebenso wichtig ist es, einen Sinn für schöne und positive Energien zu entwickeln. Für unser Leben wie für unser Sterben. Je mehr wir uns für Schönheit öffnen können, desto fließender und subtiler wird unser System, dies ist eine große Hilfe beim Sterben, denn dort geht es auch um feine und subtile Prozesse.

Ein religiöses Leben besteht aus diesen drei Elementen: Wahrheit, Bewusstheit und Schönheit. Dazu ist keinerlei Zugehörigkeit zu einer Religion notwendig, im Gegenteil. Auf unserer individuellen Reise, herauszufinden, was diese Elemente ausmachen, ist die Religion ein großes Hindernis, denn sie gibt vor zu wissen, was diese Elemente bedeuten. Selbst wenn die Religionen dies wüssten, nur einmal angenommen, selbst dann wären sie keine Hilfe auf unserem Weg.

Es nutzt uns nichts, wenn wir Informationen bekommen, die wir nicht selbst erfahren haben. Es ist wie eine Speisekarte vorgehalten zu bekommen, doch sie wird unseren Hunger nicht stillen. Selbstverständlich können wir Anregungen und Inspirationen finden, doch letztendlich müssen und dürfen wir alles selbst herausfinden. Dies ist anfangs schwierig und wir müssen einige Lernerfahrungen machen, die uns vielleicht sogar in unserem früheren Verständnis der Dinge erschüttern, doch je mehr wir uns vertrauen, desto leichter wird der Weg.

ohne belastungen, mit leichtigkeit vorangehen

eine Hauptlektion wird uns treffen: Es ist das Wissen darum, sich mit nichts zu belasten und sich an nichts zu hängen. Wie auf einem ansteigendem Weg werden wir mehr und mehr Ballast abwerfen, um leichtfüßig zu gehen. Das kann aber nur geschehen, wenn wir selbst die Schwere erfahren, die unsere Last ausmacht. Nur dann sind wir bereit, sie auch loszulassen.

Lernen wir also dazu, jeden Moment, und führen ein religiöses Leben in unserer ureigenen Weise, wie auch immer es sich gestaltet, selbstverantwortlich, ohne die Vorgaben von anderen zu benötigen, dann wird unser Tod uns in einen Höhepunkt führen. Der Höhepunkt unseres Lebens. Und den werden wir unbelastet und alleine erfahren.

die parabel von dem affen mit der kirsche und dem jäger

Im Buch des Amu Daria gibt es eine alte Sufi Geschichte:

Es war einmal ein Affe, der ganz wild auf Kirschen war. Eines Tages sah er eine verlockend aussehende Kirsche und kam von seinem Baum herunter, um sie sich zu holen. Aber die Frucht befand sich in einer durchsichtigen Glasflasche, und um sie herauszuholen, musste er seine Hand in die Flasche stecken. Er umschloss die Kirsche mit seiner Hand, sah sich jedoch verhindert, seine Faust wieder herauszuziehen, da sie größer war als der Flaschenhals.

Das war jedoch die Absicht des Affenjägers, der die Falle gestellt hatte, denn er wusste, wie Affen denken. Als der Jäger das Wimmern des Affen hörte, kam er herbei; der Affe versuchte wegzulaufen.

Weil er jedoch dachte, dass seine Hand in der Flasche festsaß, konnte er sich nicht schnell genug bewegen, um zu entkommen.Aber er tröstete sich mit dem Gedanken, dass er ja immer noch die Kirsche hatte.

Der Jäger aber packte ihn und versetzte ihm einen scharfen Hieb auf den Ellenbogen, woraufhin er die Frucht sogleich loslassen musste.

Der Affe war jetzt zwar von der Flasche befreit, doch selbst war er gefangen, und der Jäger konnte Kirsche und Flasche von neuem verwenden.

In dieser Parabel bedeutet der Jäger der Tod. Wir sind wie der Affe. In unserem Leben halten wir uns an allem Möglichem fest, an Beziehungen, Gegenständen, Meinungen, Prestige und Macht. Wie der Affe versuchen wir, auch über den Tod hinaus, unsere vermeintlichen Schätze mitzunehmen, doch es geht nicht. Eigentlich müssten wir es wissen, dass wenn der Tod kommt, wir sowieso alles loslassen müssen. Doch wir wollen es nicht wissen.

Wir könnten dem Tod entfliehen, wenn wir vorher schon unseren Griff lockern würden, aber unsere Gier ist zu groß, wir wollen es nicht glauben, dass der Jäger wirklich kommt und uns mitnimmt.

Wie in dieser Parabel ist die Sache des Festhaltens kein unwesentlicher Punkt, sondern sehr grundlegend in Bezug auf den Tod. Wenn wir uns jeden Moment bewusst sind, dass wir sterben werden, hat das zur Folge, dass wir lernen, uns von allem zu lösen. Wir werden trotzdem Beziehungen eingehen, Kinder haben, Geliebte haben, doch unsere Grundhaltung wird entspannt und locker mit ihnen sein. Wir wissen mit der Bewusstheit über den jederzeit nahenden Tod, dass es wichtig ist, jederzeit unbelastet und alleine zu sein.

das alleinsein im sterben

Wir werden allein geboren. Diese überaus schwierigen Momente, wie wir aus dem Geburtskanal gepresst werden, überstehen wir alleine. Auch die harten folgenden Situationen, die Kälte, das Licht, das Gefühl ausgestoßen zu sein, durchlebt das Kind alleine.

Wenn wir in Meditation sind, dann begreifen wir, dass wir auch alleine leben, eigentlich. Zwar versuchen wir alle, dieses Wissen zu vermeiden, indem wir uns an Familie, Freunde, Geliebte und Vereine hängen, uns zu Religion, Nation, Klasse und Gesellschaft zugehörig fühlen. Doch es hilft uns nicht. Wir werden alleine geboren, erleben unser Leben alleine und sterben auch alleine. In den Tod kann uns nichts und niemand folgen und daher kann auch niemand uns dabei helfen, wir erfahren ihn alleine. Unterstützung ist in mancher Form nur beim Sterbeprozess möglich, doch auch nur, wenn wir selbst bereit sind, diese Unterstützung anzunehmen.

Diese Einrichtung des Lebens, dass wir alleine sterben, gibt uns viel Würde. Es ist wie eine kühle Brise in einer Sommernacht. Wir brauchen an niemanden zu denken, niemanden nehmen wir mit, da ist nichts, was bei uns ist. Es gibt keine Belastung, keiner drückt uns ein, keiner hat Forderungen oder kann nicht mitgehen, wohin es uns treibt. Wir können alleine und völlig auf uns gestellt dem Crescendo begegnen, das sich in unserem Leben aufgebaut hat. Wir können unbehindert zu dem werden, was die Existenz möchte. Wir können die Erfahrungen losgelöst annehmen, die sich uns bieten. Es kann geschehen, was will, wir stehen auf dem Boden unseres erlernten Lebens. Wir sind dem Tod oft in der einen oder anderen Weise begegnet und haben gelernt, den Körper, das Denken und die Gefühle loszulassen. Wir ergeben uns der Existenz. Meditation hilft, den Tod und dessen Anforderungen an uns schon vorher zu erleben. Über Meditation bereiten wir uns auf den Tod vor. Wir erleben es, was es bedeutet, existenziell alleine zu sein. Nur der Zuschauer zu sein.

Ein Pfarrer und ein betrunkener Busfahrer kommen zum Himmelstor, wo sie Petrus treffen. "Ich bin der Dorfpfarrer und möchte in den Himmel hinein," sagt der Pfarrer.

"Und ich bin der Dorfbusfahrer und möchte auch hinein kommen," sagt der Betrunkene.

"Okay," sagt Petrus. "Sie, Herr Pfarrer, werden noch ein paar Jahre warten müssen, aber Sie, Herr Busfahrer, können gleich hineingehen."

"Aber hallo," sagt der Pfarrer, "ich predigte jeden Sonntag in der Kirche und hielt meine Gemeinde dazu an, dass sie beten und gut sein sollten. Er ist nichts anderes als ein Säufer."

"Hören Sie mal zu," sagt Petrus, "wenn Sie predigten, schlief jeder tief und fest. Aber wenn er seinen Bus fuhr, betete jeder Passagier inbrünstig."

In einer Hypnose über Reinkarnation habe ich mich als sehr alte Frau, sterbend in einem Zimmer gesehen. Um mich herum standen etwa 20 Personen, alles Verwandte, die es gut mit mir meinten und mich im Sterben begleiten wollten. Sie weinten und waren bedrückt, hielten meine Hand und sprachen mit mir. Ich fühlte mich sehr bedrängt von ihnen. Eigentlich wollte ich lieber den Moment des Todes alleine erleben, und auch schon früher, im Sterben, hätte ich gerne lieber meine Ruhe gehabt. Ich sagte zu mir: Nicht einmal sterben lassen sie einen! Mein sehnlicher Wunsch nach Ruhe und Alleinsein prägte sich in mich ein und ich versuchte mir klarzumachen, bei der nächsten Gelegenheit dafür zu sorgen, dass mein Tod ein besserer werden würde. Ich wollte dafür sorgen, nie mehr so bedrängt zu sterben.

Der Sterbeprozess – der Prozess des Loslassens

Der Sterbeprozess

- der Prozess

des Loslassens

die aufgabe
des sterbeprozesses

Im gesamten Sterbeprozess gibt es eine Hauptaufgabe: Sich von allem zu lösen. Wir lernen, unsere Beziehungen loszulassen, wir lernen, unsere Wünsche und Meinungen, unsere Verhaftungen ans Leben und was es uns schenkt, aufzugeben. Auf einen kurzen Nenner gebracht, heißt das, dass wir unsere Anhaftung an unsere körperlichen Empfindungen, an unsere Glaubenshaltungen, unser Denken, und an unsere Gefühle entspannen und loslassen lernen. Dies ist ein Prozess und er bewirkt eine Verfeinerung unseres Systems.

Wenn jemand bei einem Unfall stirbt, und er hat sich noch nicht vorher mit diesem Prozess beschäftigt, dann wird er abrupt herausgerissen aus seinem System. Ich habe keine Erfahrung mit solchen Menschen, doch nehme ich an, dass wir unbewusst wissen, was auf uns zukommt und daher diesen Sterbeprozess zumindest teilweise in der einen oder anderen Weise schon durchschritten haben. Vielleicht fehlen ein paar Phasen, vielleicht sind ein paar Phasen nicht offensichtlich durchlebt worden, sondern sind im Innen verborgen geschehen, doch ich kann mir nicht vorstellen, dass jemanden der Tod unvorbereitet trifft. Das ist eine Hypothese von mir – zu Unfällen mit Todesfolge habe ich keine Erfahrung.

Es gibt in der Sterbeliteratur ein Hauptwerk von Elisabeth Kübler-Ross über den Sterbeprozess und seine Phasen. Sie stellt die Beobachtung auf, dass es bestimmte Sterbephasen gibt, die jeder durchläuft. Dabei sieht sie die oberflächlichen Reaktionen der Menschen auf den Loslassprozess und das bei sehr unbewusst lebenden Menschen, die sich vorher noch nie mit dem Tod oder mit Meditation beschäftigt haben. Diese Phasen von Elisabeth Kübler-Ross sind meines Erachtens unwesentlich, sie beziehen sich auf Themen wie Depression, Wut, Verhandeln, Warum ich? – Fragen und anderes. Sie gehören alle in den Bereich des Denkens und der Gefühle und berücksichtigen den körperlichen Ablösungsprozess nicht, ja den Ablösungsprozess als solchen überhaupt nicht.

Außerdem erfasst Elisabeth Kübler-Ross wesentliche Energiephänomene nicht, die natürlicherweise entstehen. In ihren Fallbeispielen unterstützt sie die Einbeziehung von Familie und Bindungen und fördert, wo sie nur kann, das Gefühl von Geborgenheit in der Umgebung des Sterbenden. Sie versteht die Wichtigkeit des Loslassens beim Sterben nicht und macht meines Erachtens den gleichen christlichen Fehler, wie die meisten Menschen, dass sie den Sterbenden im Leben und dessen Wege halten will. Sie verstärkt die Bindungen und nennt das Geborgenheit, als ob man beim Sterben mittels Beziehungen helfen könnte. Als ob es nichts wichtigeres gäbe, als die gewöhnliche Lebensweise des Lebenshungers aufrechtzuerhalten. Die Sterbenden werden in die Materie, in den Körper und seinen Empfindungen gezogen und geführt, selbstverständlich mit den besten Absichten.

Meiner Erfahrung nach ergeben sich völlig andere Sterbephasen. Sie sind subtil und von außen nicht so klar zu sehen, manchmal geschehen sie sogar nur innerlich, das ist individuell unterschiedlich. Wir können durch sie schon im Leben hindurch gehen, wenn wir das möchten und verstanden haben, dass wir uns dadurch den Tod verschönern und erleichtern. Wir gehen durch diese Phasen dann freiwillig, ohne den natürlichen Zwang des Sterbens und haben so auch die Chance, viel über das Leben, den Tod, uns selbst und die Wege der Existenz zu lernen. Meditation ist das Mittel dazu.

die phasen des loslassens

der Sterbeprozess kann auch als Prozess des Loslassens bezeichnet werden. Hier gibt es mehrere Phasen, die schrittweise geschehen. Nur die erste Phase der inneren Sammlung bleibt und ist zugleich wie ein Träger der anderen, oder wie eine Basis, auf der die anderen aufbauen. Sie durchzieht den ganzen Prozess. Wenn es Pausen zwischen den Phasen gibt, dann wirkt in dieser Zeit wieder die erste Phase. Die Übergänge zwischen den Phasen sind fließend und spielerisch, nicht fest umgrenzt. Jede Phase erfüllt sich energetisch, das heißt, die Energie baut sich in dem speziellen Thema so intensiv auf, dass sie dann von selbst weiterfließt. So geht man weiter im Sterbeprozess.

Die Phasen, die ich wahrgenommen habe, sind sicherlich nicht alle Phasen. Ich habe sie an nicht bewussten Menschen im Außen studiert. Ich nehme an, dass sie bei sterbenden meditierenden Menschen genauso ablaufen, vielleicht werden sie von ihnen schneller durchschritten und vielleicht erhebender und positiver, subjektiv erlebt. Ein Verlassen des Körpers von einem meditierenden Menschen ist mir bisher noch nicht geschehen, wohl habe ich von vielen bereits gehört. Die Erfahrungen, die ich beschreibe, ziehe ich aus meinen Wahrnehmungen mit Sterbenden und meinen eigenen Erlebnissen in der Meditation, die mich in intensive Zustände geführt hat. Die beschriebenen Phasen habe ich schon oft durchgemacht. Das ist nichts besonderes für einen Meditierer.

der weg

ich verwende hier das Schaubild des Weges zu einem Gipfel, um den Prozess des Loslassens anschaulich zu beschreiben. Dabei ist der Weg kein vorgefertigter und befestigter Weg, den schon viele Menschen gegangen sind. Wir müssen ihn selbst entstehen lassen durch unser eigenes Gehen. Jeden Moment schaffen wir ihn durch jeden Schritt, den wir machen. Einzig die Richtung ist vorgegeben. Wie viel Steine wir zu überwinden haben und wie, welche Blumen uns am Wegesrand erfreuen und ob wir dazu lernen, also einen steilen Weg nicht direkt laufen, sondern im Zickzack hoch gehen, das liegt alles an uns selbst und wie wir bereits im Leben gelernt haben, unserer eigenen Gehweise zu vertrauen.

Bei diesem Gehen ist gemeinsam, dass wir in immer höhere Bereiche kommen, wo die Luft immer dünner wird. Dies bedeutet, dass wir subtiler, feiner werden, mehr nach Innen kommen. Unsere Bewusstheit ist nicht nur mit dem grobstofflichen Körper verbunden, es gibt noch viele subtile Schichten mehr, von denen wir uns lösen müssen. Ich fasse dies zusammen als Körper, Denken und Gefühle, wohl wissend, dass wir eigentlich wie eine Zwiebel sind. Schicht um Schicht müssen wir abschälen, bis am Schluss die Leere, unser eigentlicher Zustand, übrigbleibt. Auf diesem Weg zum Tod lernen wir also immer weitere Schichten von uns kennen, um sie dann hinter uns zu lassen.

Zugleich leben wir in der gewöhnlichen Welt. Das hat auch seinen Sinn, denn nur hier werden wir mit Situationen konfrontiert, die uns unbekannt sind und die uns auf unserem Weg weiterhelfen. Sie mögen wie Stolpersteine aussehen, doch vielleicht sind sie Brücken über Spalten. In meiner Vision der Unterstützung von Sterbenden und auch Meditierenden, diejenigen, die den Weg zum Tod freiwillig und bewusst gehen, muss zwar jeder noch immer seinen Weg selbst gehen und auch finden, doch gibt es Weggefährten, die vielleicht schon ein paar Abschnitte kennen und um deren Gefahren und auch Möglichkeiten der Freude wissen. Sie begleiten die Sterbenden und helfen, dass der Weg nicht so schwer erscheint.

Das Thema des Loslassens von allem, was uns begegnet, bleibt uns den ganzen Weg über erhalten. Da auch die feinen Schichten ihre Kontaktpunkte mit dem grobstofflichen

Körper haben – wir merken das zum Beispiel an unseren Gefühlen: Manche sitzen im Bauch, manche im Hals und manche im Herz – spüren wir oft Schmerzen oder Unwohlsein, wenn sich eine Schicht löst. Denn der Körper hat viele Jahrzehnte lang bestimmte individuelle Kontaktpunkte festgehalten und nun soll er sie so einfach loslassen? Es passiert, dass sich der Körper zusammen-zieht, das scheint die natürliche Reaktion auf diesen Entspannungsprozess zu sein. Das ist ganz normal und nicht weiter beachtenswert. Doch bedeutet es, dass wir eine ganze Weile auf unserem Weg mit physischen wie psychi-schen Schmerzen konfrontiert werden.

Eine Hilfe hierfür sind die dynamischen Meditationen von Osho, die unter vielem anderen diese Verhaftungen der verschiedenen Schichten untereinander aufbrechen. Aber auch andere Formen der Bewegung wie Yoga, Aerobic, Gehen, Spielen, oder sich einfach nur ein klein bisschen Bewegen hilft. Falls einem das nicht möglich ist, dann lösen sich die Schichten auch ab, aber man muss vielleicht ein wenig geduldiger mit seinem körperlichen Unwohlsein sein, denn es wird dann nur über die Entspannung und das Zuschauen gelöst, was auch geht, was kein Problem ist. Dieser Ablösungsprozess fühlt sich manchmal an, als wür-den alle Spannungen der Welt in einem herumschwirren, dann wieder fühlt man sich unbeschwert und frei und ist glücklich wegen der entspannten Leichtigkeit, die sich im Körper ausbreitet. Je näher wir dem Tod kommen, umso automatischer lösen wir uns von unserem Körper. Besser sollte ich sagen: Von unseren Körpern. Das ist ein natürlicher Prozess, der jedoch Menschen, die dies nicht kennen, Angst machen kann, so dass sie unbewusst werden. Das macht nichts, jeder geht den Weg eben soweit bewusst, wie er kann.

Gertrud Meier erhält diesen Brief von ihrem Sohn
Thomas, der in München studiert:
Liebe Mutter,
schicke mir sofort 500 Euro.
Dein dich liebender Sohn Thomas
P.S. Ich schäme mich so, dass ich dir einen Brief
geschrieben habe, in dem es nur ums Geld geht. Ich
wollte ihn noch zurückholen, doch der Briefträger
hatte ihn bereits mitgenommen. Ich kann nur hoffen,
dass dieser Brief bei der Post verloren geht.
Seine Mutter antwortet:
Lieber Sohn,
mach dir keine Sorgen, der Brief ging bei der Post
verloren.
Deine dich liebende Mutter, Gertrud.
P.S. Ich wollte noch 500 Euro mitschicken, aber der
Briefträger hatte den Brief schon mitgenommen.

1. die phase der inneren sammlung – die einstimmung auf den weg

am Anfang des Weges wissen wir vielleicht noch gar nicht, dass wir zum entfernten Gipfel gehen. Wir glauben vielleicht, wir machen einfach einen kleinen Spaziergang in der frischen Luft. Es kann sein, dass der Sterbeprozess schon lange begonnen hat, bevor wir es zum Beispiel durch einen Arzt erfahren, dass wir sterben werden. Unser Wissen darum macht keinen Unterschied im Gehen. Einzig unsere Bewusstheit auf den Weg und vielleicht auch auf den Gipfel wird größer sein, wenn wir wissen, dass wir zum Beispiel krank sind. Doch die energetischen Prozesse bleiben, ob das Denken sich darauf einstellt oder nicht.

Wir sind zu Beginn entspannt und gelöst. Wir glauben nicht, dass es möglich ist, dass wir uns auf eine Reise begeben, die uns von unserer Heimat, unserem gewohnten Sosein wegführt. Die Verhaftungen mit der Welt stellen wir nicht in Frage, im Gegenteil, sie scheinen uns Sicherheit zu geben. Wir leben eigentlich in der Welt von Häusern, Autos und Kleidern, von Werbung und Spielfilmen, die uns belustigen und erschüttern. Wir können uns gar nicht vorstellen, dass es auch schneebedeckte Höhen gibt, die wir besteigen müssen. Doch niemand kommt da herum, ob er will oder nicht, er wird dahin gezogen. Wenn er nicht will, dann wird es für ihn schmerzhaft und er wird ab einem bestimmten Punkt unbewusst. Wenn er will, dann wird der Weg zur Freude, auch wenn es schwierige Abschnitte gibt, die jeder lernen muss, zu überwinden.

Die Menschen richten sich ihr Leben im Tal ein. Wenn der Weg begonnen hat, dann wollen sie höchstens einen Spaziergang machen, jedoch das Tal nicht verlassen. Und anfangs sieht es auch so aus, als ob das möglich wäre. Man nimmt seinen Rucksack mit und alles andere, was man so braucht, und macht sich auf den Weg. In der inneren Welt bedeutet dies eine gewisse innere Sammlung. Die Energien ziehen sich ein bisschen nach Innen zusammen, wir werden introvertierter, ruhiger, nicht mehr so stark nach außen orientiert, haben nicht mehr so viel Neugier und auch der Zug der Sehnsüchte und Wünsche wird schwächer. Wir haben nicht unbedingt den Eindruck, dass so etwas Großartiges wie die Besteigung eines wunderschönen Gipfels vor uns liegt. Es ist eher so, als ob wir ein bisschen Ruhe und Natur bräuchten, da uns der Lärm der Welt ein wenig auf die Nerven geht.

In einer oberflächlichen Einteilung beginnt der Sterbeprozess mit innerer Sammlung, der Einstimmung auf innere Prozesse. Ich nehme an, dass es bereits andere frühere Vorzeichen gibt, die man jedoch nur dann fühlen kann, wenn man eine sehr subtile Wahrnehmung hat. Offensichtlich ist es, dass sich etwas in uns ändert, dass unser Leben dem Ende zugeht, wenn jemand, der sich nie mit Stille und Innerlichkeit befasst hat, plötzlich Rückzugstendenzen hat. Wie lange der Sterbeprozess dauert, kann man nicht sagen, das mag individuell verschieden sein...ich beobachte im Pflegeheim, dass dies schon Jahre zuvor geschehen kann.

Vielleicht ist das der Grund, warum die meisten Menschen so Angst vor einer Verinnerlichung haben, denn sie spüren, dass sich dabei etwas grundlegend ändert. Der Tod rückt näher. Dies gilt auch für eine bewusste Ausrichtung nach Innen, also beim Meditierer, der Tod kommt näher. Der Unterschied ist nur, dass dies beim Sterbenden eine natürliche Entwicklung ist, die ihre eigenen Prozesse in einer bestimmten Geschwindigkeit ablaufen lässt. Die Sterbenden haben keine Wahl, die Prozesse gehen ab, ob sie mitgehen oder nicht. Leider wehren sich die meisten Menschen gegen diese natürliche Rhythmen und kämpfen gegen die energetischen Prozesse. Sie versuchen mit aller Kraft, doch weiterhin nach außen zu gehen, sie wollen im bekannten Tal bleiben. Sie verschwenden ihre Energien, die sie so segensreich zu ihrem Wohle fließen lassen könnten, würden sie sich nicht gegen den Sterbeprozess stellen.

Beim meditierenden Menschen gibt es zumindest zum

Anfangs keinen Prozess, der Spaziergang um das Tal ist freiwillig. Also bedarf es bei ihm der konstanten Aufmerksamkeit, diese Verinnerlichung, den Weg, aufrecht zu halten. Es ist bei ihm am Anfang eine Anstrengung, beim Sterbenden ist es eine Erleichterung, nach Innen zu gehen, subtiler zu werden, denn bei ihm ist es ein automatischer Prozess.

2. die freudige, entspannte phase – der anblick des entfernten gipfels

Wir beginnen, unseren Spaziergang zu genießen. Das Tal mit seinem regen Treiben und seinen Stimulationen ist etwas entfernt und wir erfreuen uns an der Natur. Bis jetzt fühlen wir uns immer noch auf einem Spaziergang, das heißt, unsere Verbundenheit mit der Welt ist die gleiche geblieben. In der Ferne erblicken wir einen Gipfel und erfreuen uns an seiner Schönheit und Ästhetik. Unser Weg ist eben und im kühlen Halbschatten, beruhigt und entspannt laufen wir dahin und genießen den Moment. Die Gipfel, die vor uns liegen, erscheinen uns wunderbar und malerisch. Doch es ist uns nicht klar, dass wir sie besteigen müssen, dass der Weg steinig und auch hart werden kann, dass wir alles, was wir mit uns tragen, abwerfen müssen. Wir genießen einfach nur den Moment und sind beglückt durch die neuen Energien, die sich für uns auftun. Der Weg ist abwechslungsreich, und entspannt können wir ihn gehen.

Je nach Temperament des Sterbenden, wirkt diese Phase anders. Durch die Verinnerlichung geschieht eine gewisse Zentrierung, die manchmal Fröhlichkeit und Lachen, manchmal stille Freude vorrangig sein lässt, manchmal erleben wir lustige Momente und manchmal sind wir glücklich. Wir haben eine Gewissheit, dass alles gut geht und dass wir getragen werden. Wir fürchten uns vor nichts und entspannen. Wenn wir den Berg sehen, dann werden wir von ihm angezogen, ohne es zu wissen. Wir denken, dass wir ihn einfach so lassen können, wie und wo er ist, dass er nur ein schönes Naturschauspiel ist. Es käme uns nicht in den Sinn, ihn zu besteigen, wir erfreuen uns nur an ihm, doch die Existenz wird uns zu ihm führen.

Viele Menschen fallen in dieser Phase wieder in Negativität zurück, sie denken, sie hätten den Schatten des Todes überwunden und es war nur ein Traum. Und sie versuchen, wieder in ihre alten Bahnen des Tales zurückzukommen. Das wird ihnen eine oberflächliche Erleichterung geben, doch nicht für lange, denn diese Phase wird sich wieder in die nächste ändern. Wenn sie den Gipfel, wohin sie der Weg führt, nicht einmal gesehen haben, werden sie auf dem folgenden Abschnitt keine Erinnerung an die Schönheit haben, die sie erwartet. Sie werden hoffnungslos, weil sie diese Phase nicht zum Entspannen und Genießen genutzt haben. Daher halte ich es für sehr wichtig, jedem, wenn möglich, klipp und klar zu sagen, wenn man es weiß, dass der Tod kommt. Wenn jemand Widerstände hat, dann versucht man es ihm vielleicht vorsichtiger zu sagen, doch ich halte es für notwendig.

das sterben meiner mutter

noch immer bin ich dem Arzt meiner Mutter dankbar dafür, dass er ihr deutlich gesagt hat, dass sie ab einem bestimmten Moment eine alte, kranke Frau sei. Die Härte dieser Aussage traf meine Mutter wie ein Schwert. Sie verstand sofort, dass nicht nur Alter und Krankheit, sondern auch der Tod kam. Leider konnte ich ihr, ohne sie in ihrem Sosein nicht zu verletzen, nicht eine subtilere Lebensweise nahe bringen, oder gar eine fröhliche. So musste ich mich einfügen in das Lügen, dass alles besser wird. Sie wäre an der weiteren deutlichen Aussage, dass sie sterben wird, zerbrochen. Ihr Umfeld unterstützte die christliche Art des Sterbens und so musste ich mitmachen, es hätte nur zu schmerzlichen Reibungen geführt, hätte ich meinen Ansatz erklärt.

Und gerade beim Sterben ist die Harmonie das oberste Gebot. Sie fällt unter das Element Schönheit, das die Ästhetik ausmacht. Die Wahrheit gehört auch dazu, selbst wenn ich die Dinge verschleiern musste, um die Harmonie aufrecht zu halten, so vermittelte ich ihr doch immer die Wahrheit des Sterbens. Ich halte nichts von brachialen Methoden, die Wahrheit zu verkünden. Ich begleite meine Freunde und stürze sie nicht in Abgründe. Meine Mutter sah ich als meinen Freund an, dem ich ein Weggefährte sein konnte. Es nutzte nichts, sie auf Hilfsmittel wie Steigeisen hinzuweisen, oder ihr die Schönheit des Weges aufzuzeigen, wenn sie nur darum trauerte, nicht im Tal mit teuren Autos herumfahren zu können.

Wenn ich ein Freund bin, dann bin ich bei meinem Freund, wo immer er auch steht. Und so war es damals von größerer Wichtigkeit, ihr zu vermitteln, dass alles in Ordnung ist, dass vielleicht Autos doch nicht das höchste Glück sind und dass sie beruhigt sein konnte. Doch auch ich war verzweifelt, damals, denn ich wusste, dass ihr Unglück mit dem Herannahen des Todes schlimmer werden würde, wenn sie nicht ihre Fixierung auf das Tal loslassen würde.

Nun habe ich dazu gelernt und mein Weg hat mich belehrt, dass ich nie wissen kann, wozu etwas gut ist. Auch wenn ich meine Mutter in Schmerzen sehe und sogar annehme, zu wissen, wie diese Schmerzen zu lindern sind, dann ist es doch der individuelle Weg meiner Mutter, den sie geht. Auch ich habe in meinem Leben große Schmerzen aller Art erlebt und dies waren Steine, die ich als Übergänge benutzen konnte. Und vielleicht habe ich auch gelernt, bestimmte große Steine zu umgehen, auf sie zu achten, mich nicht an ihnen zu stoßen. Das habe ich allerdings nur aus Erfahrung gelernt, nicht durch bloßes Zuschauen von anderen Menschen.

Genauso war es bei meiner Mutter. Sie musste Schwieriges erleben, sie war an der Dialyse zwei Jahre lang und magerte bis zu einem Skelett ab. Ich dachte nie, dass so etwas möglich ist. So schwer wie es war, ihrem Unglück zuzuschauen, noch dazu so hilflos wie ich war, denn sie war ziemlich unbelehrbar mit ihrer Verhaftung an das Tal, so dankbar bin ich mir doch selbst im Nachhinein, dass ich nicht versuchte, mich in ihr Sosein einzumischen über die Gelegenheiten hinaus, die sie erlaubte. Denn das oberste Gebot ist – wie Sie sehen, habe ich viele oberste Gebote: Sich selbst zu vertrauen gegen jeden Widerstand, Harmonie aufrecht halten, völlige Akzeptanz dessen, der vor einem liegt...und viele andere oberste Gebote mehr – das oberste Gebot ist, denjenigen da ein Weggefährte zu sein, wo er steht. Nur weil ich Kilometer weiter gehen könnte, werde ich meinen Freund nicht hinter mir her ziehen und zerren oder ihn nach oben drücken. Er geht in seiner Art und Weise und das ist auch das Schöne daran. Denn zu

Beginn schaut manches unangenehm aus, aber am Ende wird es leicht und angenehm. Meine Mutter ging ihren Weg, so wie sie es konnte und wollte, und sie geht ihn auch jetzt noch weiter, wo immer sie auch ist.

Welche Maßnahmen sie mir gestattete, werde ich später beschreiben.

Der kleine Albert treibt sich im Schlafanzug im Haus herum und ihm ist langweilig. Also beschließt er, in das Zimmer seiner sechs Jahre alten Schwester zu gehen.

"Hey, Susi!" brüllt Albert und klopft an ihre Türe, "was geht ab, Baby?"

"Du kannst nicht rein kommen!" sagt Susi. ""ch bin in meinem Nachthemd, und Mami sagt, dass es unanständig für Jungs ist, Mädchen in ihrem Hemdchen zu sehen."

"Okay," sagt Albert und wendet sich ab. "Wie du willst."

Ein paar Sekunden später ruft Susi, "Du kannst jetzt reinkommen. Ich habe es ausgezogen."

der unterschied von meditierenden und nicht meditierenden menschen

nehmen wir einmal an, Sie planten in Ihrem Leben eine Gipfelbesteigung. Selbstverständlich würden Sie sich darauf vorbereiten: den Körper ertüchtigen und sich über Gefahren beim Bergsteigen informieren. Sicherlich würden Sie sich auch erst einmal an einem kleinen Berg erproben, bevor Sie sich an den großen wagen. Meditation ist genau das, es ist die Vorbereitung auf den Tod. Der meditierende Mensch übt das Loslassen noch während er im Leben steht. Er stirbt einen freiwilligen Tod im voraus. Er erfährt was es heißt, sich von allem zu trennen, sogar von dem eigenen Körper, den Gedanken und Gefühlen. Er übt es, sich zu lösen und erfährt dadurch etwas über sich, was ihm vorher nicht bewusst war. Mit dieser Vorbereitung kann er den Gipfel erklimmen und den majestätischen Ausblick genießen. Ohne Vorbereitung, ohne Meditationserfahrung, ist es ungleich schwieriger den Berg zu besteigen. Falls Sie damit beginnen wollen – es ist nie zu spät dafür. Kapitel Sechs dieses Buches gibt Anleitungen für Meditationstechniken.

3. die phase des aufschliessens von unterdrücktem und unbewusstem – der weg wird steinig und der wind rau

Wenn wir alle schon denken, dass unser Weg ein Kinderspiel ist und dass uns nichts mehr passieren kann, dann beginnt in uns eine Öffnung für das Unterbewusstsein zu geschehen. All unsere Verdrängungen und Schmerzen zeigen sich uns und erinnern uns an all das, was geschehen ist in unserem Leben und auch an das, was leider nicht geschehen ist. Wir trauern dem nach, was wir versäumten. Unsere Wut, Zorn, Ärger über Situationen tauchen auf, wir tendieren dazu, negativ zu werden und spucken vielleicht Gift und Galle. Auch die Schuldgefühle werden stark, denn wir spüren plötzlich, wo wir anderen und uns weh getan haben. Wir fühlen unsere Versäumnisse, fürchten uns sehr vor allem und jedem. Etwas Irres umgibt uns, gelegentlich driften wir in tiefe Unbewusstheit ab und sind verschwunden in Träumen der Vergangenheit. Einsichten tauchen auf, wir sind unseren Gefühlen scheinbar ausgeliefert.

Auch der Meditierer kommt in diese Phase und obwohl er sich versucht zu erinnern, dass er nur der Zuschauer seiner Gefühle ist, wird auch ihn diese Phase überwältigen. Osho hat viele dynamische Meditationen entwickelt, die eine Katharsis mit beinhalten. Das sind zum Beispiel die Osho Dynamische Meditation, Osho Kundalini Meditation, Osho Nadabrahma, Osho Nataraj und viele andere mehr. Mit Hilfe dieser Meditationen wird die Phase der Öffnung des Unterbewusstseins leichter überwunden.

Die Menschen, die nicht meditieren, fallen durch eine starke Negativität und durch Unglücklichsein auf. Die Verinnerlichung schreitet fort, alles wird subtiler und weniger manifest. Die Gefühle und das Denken beginnt zu verschwimmen und die ehemalige scheinbare Klarheit des gewohnten Lebens schwindet. Man fühlt sich wie in einem Meer ohne Balken und andauernd kommen Wellen, die über einen schwappen und die Situation verschlimmern.

Der Weg, der hinaus führt aus dieser Phase, ist steil und steinig. Ein rauer Wind bläst einem ins Gesicht und man fragt sich, wozu das Ganze. Man weiß gar nicht, wohin die Reise führt, nur die Menschen, die die Schönheit des Gipfels gesehen haben, haben eine vage Vorstellung von dem, was kommen könnte. Doch sie sind zugleich in gewisser Weise noch verzweifelter, als die anderen, die den Gipfel nicht gesehen haben, denn auch die Meditierenden dachten, die Reise wäre in der vorigen Phase schon zu

Ende und alles sei in Ordnung. Und nun stellt sich heraus, dass gar nichts in Ordnung ist, ganz im Gegenteil, sie befinden sich auf einem Weg, auf den sie freiwillig nie gegangen wären. So denken sie, doch sie wissen nicht, dass die Schönheit des Gipfels sie konstant weiterzieht und weiterführt. Ihre innere Ausrichtung auf diesen ästhetischen Anblick lenkt ihre Schritte, auch wenn sie bewusst nie die Besteigung des Berges begonnen hätten, denn seine Höhe hätte sie abgeschreckt.

Die Menschen, die die Schönheit des Gipfels nicht erblickten, die die Schönheit von inneren Gipfelerlebnissen nicht fühlten, wundern sich meist nicht über diese Phase. Doch auch sie leiden unter dem Unbewussten, das in ihnen hochblubbert. Eine Katharsis zu haben ist in dieser Phase hilfreich, auch kathartisches Lachen, wenn dies möglich ist. Wie ich später noch ausführen werde, ist Lachen in jeder Phase hilfreich und schön, doch hier hilft es, nicht zu schwer zu werden.

Das ist auch die weitere Lektion auf dem steilen und steinigem Weg, den wir gehen. Wir müssen dringend Ballast abwerfen, loslassen. Was in allen Phasen gültig ist, ist in diesem Abschnitt besonders entscheidend. Vorher konnten wir noch ein wenig damit kokettieren, dass wir eigentlich alleine unser Leben leben und uns daher nicht an Beziehungen anklammern. Und gleichzeitig uns mit der Familie verbinden, so wie wir es immer getan haben. Wir fühlten uns dem Tal und unserer scheinbaren Heimat immer noch zutiefst verbunden, auch wenn wir wussten, dass wir bereits unterwegs sind.

Doch hier geht das nicht mehr. Der Weg geht klar bergauf, vom Tal weg. Wir sind alleine, außer wir haben das Glück, von Weggefährten ein wenig begleitet zu werden.

Wir müssen voran gehen, wir werden gezogen vom Gipfel, ohne es zu wissen, und können nicht mehr wie früher trödeln oder vermeiden. Es wird sozusagen Tacheles gesprochen, es geht um Handlungen, um die effektive Entspannung von Anhaftungen. Je mehr wir weiterhin unsere Aufmerksamkeit auf dem Tal und den Leuten haben, die wir lieben oder hassen, desto mehr werden wir leiden.

Der Prozess zieht sich immer weiter zurück, nach Innen. Dorthin wo der Sturm tobt. Ihn zu vermeiden, indem man nach Außen geht und Hilfe sucht, ist schmerzbringend. Diese Phase ist wie ein Strudel, durch den man durchkommt, wenn man sich in ihn hinein entspannt. Wehrt man sich, kämpft man dagegen, wird man sich erschöpfen. Versucht man, auf der Oberfläche zu bleiben, wird einen der Strudel doch eines Tages in die Tiefe ziehen, es ist nur eine Frage der Zeit.

Gerade in dieser Phase ist eine Umgebung der Ästhetik und der meditativen, fröhlichen Losgelöstheit von großer Hilfe. Wenn es auf dem steilen Weg Begleiter gibt, die leichtfüßig ohne Gepäck, singend und tanzend den Weg hinaufspringen, dann gibt das Hoffnung. Und auch das Vertrauen, dass das Gepäck vielleicht wirklich nicht notwendig ist. Sind in der Umgebung jedoch Menschen, die die Bindungen, Vorstellungen und Anhaftungen an Beruf, Familie, Religion und Prestige fördern, dann wird unser Weg schwerer und schwerer. Nicht nur, dass uns der raue Wind des Unterbewusstseins entgegenbläst, wir belasten uns auch immer mehr, wollen nicht den Weg gehen. Doch wir haben im Sterbeprozess keine Wahl, denn der Tod zieht uns an, wie den Meditierer auch. Der Unterschied liegt darin, dass der Meditierer von Schönheit, Wahrheit und Bewusstheit angezogen wird, der nicht meditierende

Mensch weiß nicht, dass diese Phase entsteht, weil er dem Verlassens des Körpers nahe kommt. Ein weiteres Problem ist, dass sich der Mensch, der von Familie etc. umgeben ist, völlig alleine fühlt auf seinem steilen Weg. Und er ist es auch, denn die Beziehungen warten unten am Berg und rufen ihn, doch sie gehen nicht freiwillig mit ihm, sonst wären sie Meditierer.

Eine Kindergärtnerin beobachtet ihre Kinder im Klassenzimmer, beim Malen. Gelegentlich läuft sie herum, um die Arbeit jedes einzelnen Kindes zu sehen. Als sie zu einem kleinen Mädchen kommt, das angestrengt arbeitet, fragt sie, was sie denn da male. Das Mädchen antwortet, "Ich male Gott.".
Die Kindergärtnerin wartet einen Moment und sagt, "Aber niemand weiß, wie Gott aussieht."
Ohne innezuhalten oder von ihrem Blatt aufzuschauen, antwortet das Mädchen, "Sie werden es in einer Minute wissen."

hilfreiches auf dem weg in dieser phase –

katharsis, freude, leichtigkeit, licht, liebe, lachen und unbeteiligtes zuschauen

In dieser schwierigen Phase, in der unbewusste Elemente hochkommen, die nicht nur angenehm sind und in der wir uns deutlich vom grobstofflichen Körper ablösen, macht es keinen Sinn, sich mit diesen Schwierigkeiten auseinander zu setzen. Man mag vielleicht den Wunsch dazu haben, doch wenn es möglich ist, dann rate ich davon ab, sich mit den Inhalten zu beschäftigen, die aus der Vergangenheit und dem Unterdrückten auftauchen. Es würde einen sehr schwer und verzweifelt machen. Am besten wäre dafür eine Art Katharsis, diese könnte zum Beispiel in der Dynamischen Meditation von Osho bestehen, einer kathartischen, bewegungsreichen Meditation. Falls man dazu körperlich nicht in der Lage ist, empfehle ich „Gibberisch", das ist ein Losplappern von allem, was da ist, ohne dass man kontrolliert, was man sagt. Es kann Laute und Töne und Silben beinhalten, was auch immer da ist. Doch sollte man seine ganze Energie einsetzen. Vielleicht für ein paar Minuten täglich, am besten wären wohl 20 Minuten, wenn man Spaß daran hat. Danach könnte man ein wenig ruhiger sein, ungestört, und die Auswirkungen des Gibberisch auf sich wirken lassen. Diese Meditation hilft, die Dinge leichter hochkommen zu lassen und sie zugleich wieder loszuwerden.

Wenn es geht, können wir uns immer erinnern, dass dieser Weg ein Weg der Freude, des Lachens und der Leichtigkeit ist. Auch wenn wir manchmal durch schmerzhafte Situationen gehen, physisch wie psychisch, ist doch unser Gehen ein unbeschwertes und harmonisches. Es verläuft anders als wir es gewohnt waren, doch das heißt nicht, dass wir deswegen depressiv oder traurig werden müssten. Die Freude und die Leichtigkeit wird mit unserem Begleiter gelebt und nie vergessen. Der Weg des Loslassens ist freudig, immer leichter werden wir, immer feiner, und mehr und mehr Licht kann in uns einfließen. Daher ist es auch hilfreich, sich Licht bewusst auszusetzen. Am besten ist sicherlich die Sonne und das Tageslicht draußen in der Natur, doch auch künstliche Lichtquellen und helle Räume bringen uns dem Licht näher.

Eine Meditation des goldenen Lichts geht so: Man legt sich aufs Bett. Dann atmet man ruhig. Beim Einatmen stellt man sich goldenes Licht vor, das von oben vom Kopf, nach unten durch den Körper fließt und durch unsere Zehen ausströmt. Und dann ist es umgekehrt: Beim Ausatmen stellt man sich vor, wie Dunkelheit in die Zehen einströmt und sich bis in den Kopf und darüber hinaus ausbreitet. Man kann diese Meditation des Morgens nach dem Aufwachen, aber auch vor dem Schlafen machen – diese Meditation kann man nachlesen bei Osho, "Meditation – Die große Freiheit" unter dem Titel "Goldene Licht Meditation."

Ob goldenes oder normales Sonnenlicht, es ist, als ob wir es trinken und tief in uns einsinken lassen können – das weckt unsere Kreativität, unsere Lebendigkeit, unsere Lebensfreude. Letztendlich werden wir beim Tod mit Licht konfrontiert, so dass es wunderbar ist, diesem schon vorher bewusst zu begegnen. Licht dient nicht der Entspannung, dafür ist die Dunkelheit geeignet. Es hilft nur, uns auf etwas einzustimmen, auf etwas vorzubereiten, das uns bisher unbekannt war.

Die Liebe, die wir in uns tragen, sei es für andere, sei es für innerliche Prozesse, sei es, dass es einfach Liebe an sich ist, wird unsere Füße sein, mit denen wir gehen. Die Liebe leitet uns auf unserem Weg dahin, wo wir verschwinden, wenn man es aus einer Perspektive sieht. Deshalb bleiben wir am besten uns unserer Liebe bewusst, wohin sie uns auch führt. Denn Tod ist zugleich auch Liebe, nicht nur Ästhetik und Licht.

Wir sind leider gewohnt, unsere Liebe zu anderen schwer zu machen. Wir glauben, sich um jemanden zu sorgen, bedeutet Liebe, sich an ihn zu hängen und ihn als Teil von sich zu verstehen, missdeuten wir als Liebe. Doch wenn wir so anhänglich sind, sind wir zugleich auch schwer und belastet. Auf dem Weg zum Gipfel des Todes ist es aber wichtig, leichtfüßig zu sein. Leicht und locker und unbeschwert zu gehen. Das ist eine Aufgabe in dieser Phase, doch zugleich ist es auch den ganzen Weg über ein Thema. Die Freude am Gehen kommt, wenn es klar ist, dass es die Liebe ist, die uns führt, das Licht ist, das uns zieht und die Leichtigkeit ist, die uns beglückt.

Lachen und Humor ist etwas, das unseren Ballast fortwirft auf unserem Weg. Es erschüttert unsere festen Strukturen und unsere Ängste. Wir nehmen das Leben leicht und finden Freunde, mit denen wir lachen können. Weggefährten helfen in dieser Phase am meisten mit Lachen. Die Schmerzen sind da, doch wenn wir über sie und anderes lachen können, dann ist unsere Aufmerksamkeit auf etwas Schönem, Lustigen, und die schwierigen Situationen sind nur noch wenig bedeutsam.

Während unseres gesamten Weges jedoch gibt es hauptsächlich ein Mittel, mit dem wir alle Schwierigkeiten überwinden: Das unbeteiligte Zuschauen. In gewisser Weise nimmt dies den Tod schon vorweg, denn im Tod bleibt nur das Zuschauen übrig. Doch beginnen wir uns von den Schichten des Körpers über unbeteiligtes Beobachten zu lösen. In einer entspannten und lockeren Weise betrachten wir uns und die Prozesse, die geschehen, ohne dabei zu sagen, dass dies gut und jenes schlecht sei. Wir nehmen wahr, als ob es sich um den Körper und das System eines anderen handelt und gewinnen so Abstand von allem, was sich mit uns verbunden hat. Ob es nun Gefühle oder Gedanken sind, die immer wieder kommen, ob es körperliche Verhaftungen oder Unbewusstes ist, ob es die Freude oder die Liebe ist, wir schauen allem zu. Das was nicht wirklich zu uns gehört, wird verschwinden, das was uns existenziell ausmacht, bleibt bestehen. Diese Art des Umgangs mit uns nennt man auch Meditation, sie hilft uns konstant auf unserem Weg, zu entspannen und gelöst zu sein.

4. die phase der zentrierung – die sammlung vor der gipfelbesteigung

ist unser Unterbewusstsein genügend geleert, beginnt eine neue Phase: Die der Zentrierung. Unsere Energien ziehen sich auf einen Punkt der Sammlung zurück. Wir haben einen tiefen Loslösungsprozess hinter uns und sind auf einem Plateau angekommen. Eine völlig neue Energie umgibt uns, wir kommen in einen Abschnitt, der uns ganz anders sein lässt als vorher. Neue Wege des Fließens werden beschritten, die Energien gehen nach innen und die Richtung, die wir vorher einschlugen, hört auf. Es ist wie eine neue Dimension, die sich für uns öffnet.

Im Schaubild unseres Weges sind wir auf einem Vorsprung angekommen. Wir gehen nicht weiter, sondern sehen oder ahnen, dass es nun nur noch mit Klettern weitergeht. Der Gipfel nähert sich uns und wir wissen, dass wir uns darauf vorbereiten müssen, bevor wir weitergehen. Wir sammeln unsere Kräfte und erinnern uns, was wir wirklich brauchen. Hier stoßen wir alles ab, wir nehmen nichts mehr mit uns, außer vielleicht einem Seil, das uns mit unseren Weggefährten verbindet. Es ist uns klar, dass etwas Neues auf uns zukommt, dass die Besteigung des Gipfels nicht mehr durch bloßes Gehen möglich ist, sondern wir müssen eine andere Form des Vorankommens wählen, das Klettern.

Wir machen in dieser Phase eine Pause im Gehen, doch die inneren Prozesse laufen weiter. Wir besinnen uns auf uns und unsere Fähigkeiten, sammeln unsere Kräfte und unser Wissen und stellen uns der Herausforderung des Gipfels. Er ist nicht sichtbar, doch sehr präsent. Seine Größe und Schönheit kann uns in dieser Phase nicht locken, denn wir wissen, je mehr wir von ihm mitbekommen, desto mehr müssen wir uns sammeln für das Weitergehen.

sich dem tod stellen

der Tod ist der Gipfel und in dieser Phase wenden wir uns ihm direkt zu. Wir können ihn hier nicht mehr vermeiden, so kommt dieser Abschnitt des Loslassens auch für die meisten Menschen, wenn sie es direkt das erste Mal spüren, dass sie bald sterben werden. Vielleicht sinken ihre Kräfte oder sie haben plötzlich in sich die Gewissheit, dass sie nicht mehr gesunden können. Auch wenn ihnen von ihrem bevorstehenden Tod nichts erzählt wird, so werden sie trotzdem in diese Phase kommen und sich dann der Krankheit oder den Umständen stellen, die auf sie warten.

Ein Schock kommt über uns, der kalte Hauch des Todes streift uns. Wir werden durchgerüttelt in jeder Hinsicht. Emotional sind wir plötzlich getrennt von den Beziehungen, psychisch schockiert uns die Unabwendbarkeit. Physisch spüren wir, wie wir keine Energie mehr in uns sammeln können, sie verlässt uns langsam. Es ist als ob wir langsam auslaufen würden. In dieser schockierenden Phase stellen wir uns dem Tod. Er ist wie ein lautes Lachen in einem andachtsvollen Moment – ruppig und störend, aufrüttelnd und verletzend. Doch wenn wir den Sinn verstehen, erleben, dann stört uns dieses Lachen nicht mehr. Wir lieben es dann, denn es bringt uns in einen völlig anderen Bereich. Was wir zuerst beim Tod als Störung und Interruption verstehen, ist eigentlich die Einladung in eine unbekannte, mysteriöse Energie, die wir selbst in uns tragen, doch noch nie zugelassen haben, außer wir haben meditiert. Dann kam diese Einladung bereits schon früher und wir kennen sie schon.

Es ist wie wenn wir aus einem dunklen Raum ins Sonnenlicht hinaustreten und zuerst völlig von den Sonnenstrahlen geblendet sind. Nach einer Weile akklimatisieren wir uns und wir können die Helligkeit genießen. So ist das auch mit dem Todesschock. Zuerst trifft er uns zutiefst, doch dann gibt er uns Stille, Entspannung und Zentrierung. Wir kommen unserem Zentrum im inneren unseres Bauches, etwa drei Zentimeter unter dem Bauchnabel, Hara genannt, näher, wir werden dahin gezogen. Um uns herum bleibt alles stehen, es ist als ob alles plötzlich einfriert. Unsere Beziehungen werden unwichtig, unser Tagesablauf interessiert uns nicht, unser ganzes Leben zentriert sich auf diesen Punkt des Todes.

In uns "rappelt es im Karton", wie man sagen würde, wir brauchen eine Weile, um uns von dem Schock zu erholen. Doch bringt uns diese Phase danach in eine andachtsvolle Stimmung. Wir spüren, dass etwas, das uns völlig übersteigt, von uns Besitz nimmt. Es ist eine große Dankbarkeit und Freude, in die sich dieser enorme Schock verwandeln kann. Weiterhin setzt sich der Prozess des Ballastabwerfens fort, wir werden leichter und subtiler jeden Moment unseres Daseins. Ungerichtete Liebe entströmt uns, ein Hauch von Glückseligkeit umgibt uns, wir beginnen, den Tod zu feiern mit Singen und Tanzen. Es mag innerlich so sein, oder vielleicht fangen wir sogar im Außen an, soweit es die Kräfte noch erlauben, zu singen und zu tanzen vor inniger Freude.

Die vorige Phase der Katharsis hat uns soweit gereinigt, dass wir nun unbeschwert sind von Ängsten und Versäumnissen. Wir lernen, den köstlichen Moment zu schätzen, nur er ist uns noch wichtig. Eine Ruhe und Stille senkt sich als Vorbote auf uns, wir spüren das Wunder des Alleinseins als großes Glück. Wir fühlen uns aufgehoben wie in einer stillen Dunkelheit, die uns warm und tief umgibt. Sich ihr zu ergeben ist alles, was wir uns wünschen. Wir sind alleine, doch nicht ohne der Geborgenheit der stillen Dunkelheit. Unser Zentrum erhebt uns in Gefilde, die wir genießen, geführt von einem natürlichem Weitergehen. Es ist unser erster existenzieller Kontakt mit dem Tod, mit unserem Auslöschen.

der tod des ichs – die auflösung von allem, was wir kennen

Im Sterben löst sich unser Ich auf. Ich nenne es Ich-Gefühl, es ist das, was wir denken und fühlen, dass wir sind. Wenn wir also sagen und es auch so fühlen, dass WIR es sind, die vergehen, dann haben wir in gewisser Weise recht. Denn dieses Gefühl des Ichseins wird sich auflösen, wir müssen es beim Sterben loslassen. Es wird uns so oder so genommen, ob wir es wollen oder nicht. Wir können an unserem Ich festhalten, aber dann werden wir eben unbewusst beim Sterben und im Tod. Oder wir entspannen uns mehr und mehr und lassen es zu, dass wir kein Ich-Zentrum mehr haben. Wir schauen nur noch zu, was so alles passiert. Und identifizieren uns nicht mehr mit diesem Ich, das uns so viele Probleme bereitet. In unserem Leben hatten wir nur Schmerzen deswegen, andauernd fühlten wir uns verletzt und übergangen – jetzt, in unserem Sterben, in dieser Phase der Zentrierung, beginnt der Prozess des direkten Loslassens des Ich-Gefühls. Auch hier ist es wieder wichtig zu bemerken, dass ein Mitgehen in diesem Prozess Erhebung und Freude bringt, ein sich Wehren dagegen bringt jedoch weitere Ängste und Schmerzen mit sich.

Dieses Loslassen des Ichs bewirkt eine weitere Entspannung für den Körper und vom Körper. Denn wir sind mit unserem Ich-Gefühl sehr mit dem Körper verbunden, viele Schmerzen entstehen, weil wir uns so sehr an den Stellen des Ichs verkrampfen und festhalten. Wenn wir locker lassen und langsam lernen, das Ich fallen zu lassen, entspannen sich auch diese empfindlichen Stellen in unserem Körper. Das Mittel dazu ist immer eine freudige, entspannte, erhebende Atmosphäre; Singen und Tanzen, sich und die Existenz Feiern, Meditieren und Lachen.

Im Sterben löst sich also alles auf, was uns bekannt ist. Wir sind gefordert, alles loszulassen. Uns wird alles abgenommen, was nicht zu uns in Wahrheit gehört. Denn das, was wir festhalten, gehört uns nicht. Nur das, was bleibt, wenn alles geht, macht uns wirklich aus. Unsere vielen Schichten, die uns umgeben, die vielen subtilen Körper, die uns noch umgeben, sie werden schwinden. Wir lösen uns mit Freude, Tanzen und Dankbarkeit auf. Das zuschauende Element bleibt. Wir sind nichts weiter als der Zuschauer, der Zeuge von allem, was geschieht. Da gibt es kein Ich-Gefühl oder etwas, das uns körperlich oder geistig ausmachen könnte. Das Ich verschwindet mit unserem Tod, und trotzdem leben wir weiter. Wir sind nicht unser Ich. Wir sind viel mehr als das. Wir verschwinden und doch bleiben wir. Alles löst sich auf, nur das Zuschauen bleibt.

Ein Haiku:

Ganz entspannt
Öffne ich meine Augen
Frühling.

Osho sagt dazu:
"Diese schönen Haikus sagen so viel ohne dass sie irgendetwas sagen.

Ganz entspannt – zutiefst in Ruhe,

Öffne ich meine Augen – und du lieber Gott! Der *Frühling* ist überall gekommen.

Der Frühling kommt mit deiner Entspannung – er spricht über den inneren Frühling. Tausende Blumen beginnen plötzlich zu blühen. Du wirst von den Düften des Jenseits erfüllt.

Aber sei entspannt – wenn du völlig entspannt bist, dann

werde in dieser Ruhe zu einem Zuschauer und der Frühling ist immer da, bereit dich von allen Seiten zu umgeben."

Osho, No Mind: The Flowers of Eternity

5. die phase des abgrunds –
der absturz des körpers

haben wir uns auf dem Plateau eingerichtet und genug zentriert, wird es uns plötzlich weiterziehen. Wir stehen von alleine auf und beginnen, nach oben, dem Gipfel entgegen zu klettern. Wir sind uns keiner Gefahr bewusst, denn wir haben nur den Gipfel im Auge. Zentriert und gesammelt, mit Kraft im Herzen, klettern wir weiter. Der Weg ist unbekannt, wir schaffen ihn erst durch unser Klettern. Obwohl schwierige Passagen zu meistern sind, gehen wir gleichmütig weiter, denn wir fühlen uns gestärkt und selbstsicher. Der Gipfel lockt uns und wir vertrauen darauf, ihn zu erreichen. Wir fühlen uns gezogen von ihm, als könnte uns nichts mehr passieren, denn er führt uns sicher. Und das ist die Wahrheit.

Das Problem ist nur, dass wir auch Stufen der Loslösung erfahren müssen, um zum Gipfel zu gelangen, die uns unbekannt und unbewusst sind. Wir würden freiwillig niemals wählen, uns von unserem Körper so zu trennen, wie es für den Tod erforderlich ist, es sei denn, unsere Meditation führt uns dahin. So geschieht auf unserem Kletterweg das Unvermeidliche: Wir stürzen ab. Scheinbar. In unserem subjektiven Empfinden scheinen wir abzustürzen und in tiefste Tiefen zu fallen, völlig unkontrolliert und völlig ausgeliefert. Doch ist dieser für uns so überraschende Absturz in Wirklichkeit ein weiterer Schritt voran, ein notwendiger Schritt voran. Nur die Dimensionen des Weges haben sich verändert, das was wir als Absturz des Körpers, als Unfall wahrnehmen, als Fallen, ist in Wirklichkeit ein sich Erheben, ein Weitergehen, ein weiterer intensiver Vorgeschmack des Todes.

In dem Schaubild des Weges würde ich es so sehen: Wir fallen tief und unser Körper zerschellt am Berg. Wir liegen völlig reglos mit gebrochenen Gliedern da, unser grobstofflicher Körper ist nicht mehr zu gebrauchen. Eine Unfähigkeit breitet sich aus, wir trennen uns von dieser Welt des Grobstofflichen und können nichts mehr tun. Wir sind in einem Zwischenzustand, nicht am Gipfel, doch in einem Loch. Es ist wie ein Übungszustand, als ob der Tod uns schon besuchte, doch irgendwie nicht richtig.

Wenn wir einen sterbenden Freund beobachten, dann sieht diese Phase öfters so aus, dass derjenige Freund unbewusst wird. Er liegt abwesend im Bett und scheint keinen Kontakt mehr aufzunehmen. Man spürt die Nähe des Todes. Manchmal glaubt man vielleicht schon, dass es soweit ist, doch der Freund erholt sich meist und kommt wieder zu Bewusstsein. Manchmal sieht man auch ein starkes Kämpfen gegen den Tod. Der Freund will ihn nicht an seinen Körper heranlassen, will nicht abstürzen, will sich nicht fallen und gehen lassen. Er wehrt sich gegen den Absturz und kämpft mit seiner letzten Kraft um die Aufrechterhaltung seines Körpers und seines Ich-Gefühls. Es kann sein, dass er sehr verzweifelt wegen seiner körperlichen und geistigen Schwäche ist, dass er unter seinem gebrochenen Körper leidet. Der Tod meldet sich an und doch kommt er nicht.

Es ist auch schwierig, diese Phase bewusst mitzugehen.

Denn wie ich an dem Bild mit dem kletternden Freund zeige, geht es beim Weitergehen um eine völlig andere Dimension, die Dimension des Fallenlassens. Für uns sieht das immer wie ein Absturz aus, denn wir leben mit unserer Vergangenheit, in der der Weg bisher nur stetig in eine Richtung führte. So ist diese Richtungsänderung im Vergleich zu früher ein Unglück. Doch könnten wir ganz aus dem Moment heraus leben, würden wir einfach nur sehen, dass etwas für uns Ungewohntes geschieht.

die still stehende stille

ein meditierender Mensch hat diese Phase vielleicht auch schon erlebt. Vielleicht hat er sie nicht als Absturz wahrgenommen, sondern als tiefe Stille. Manche Menschen sagen auch „Still-Point" dazu, der Punkt, an dem die Stille still steht – besser kann ich es nicht ausdrücken. Der Absturz des Körpers bringt uns in diesen Zustand der still stehenden Stille. Eine tiefe Bewegungslosigkeit breitet sich aus, innen wie außen. Zugleich sind wir uns bewusst, dass wir nur der Zuschauer, nur der Beobachter der Szene sind. Unser Körper, unser Denken, unsere Gefühle regen sich vielleicht noch ein bisschen, doch wir selbst sind still und regungslos in unserem Zuschauen des Moments. Nur die Stille umgibt uns, wir können uns an nichts festhalten. Unser Körper ist unfähig, sich zu bewegen und unser Denken bleibt stehen. Die Gefühle kommen auch zur Ruhe und wir befinden uns irgendwie oben drüber. Unser Zeuge sein bleibt über der Situation. Etwas Unbekanntes ist da, unsere Wahrnehmung mag es nicht bemerken, doch wir werden durchzogen von einer existenziellen Verbundenheit. Es gibt keine Trennung mehr von uns zu einem anderen Wesen, es ist nur diese Stille und Bewegungslosigkeit da.

Es ist ein Absturz, doch zugleich auch ein Näherkommen zum Tode, dem Verlassen des Körpers. Der Körper ist rüde getrennt worden von uns, doch gibt es noch Verbindungen, es ist noch nicht der Zeitpunkt des völligen Loslassens und Verschwindens gekommen.

Polizeiwachtmeister Dopeski von der Warschauer Verkehrspolizei sitzt in seinem Auto und isst ein Kartoffelsandwich, als er einen hellroten Ferrari mit 200 Sachen an ihm vorbei rasen sieht.

Polizeiwachtmeister Dopeski verschluckt sich fast vor Aufregung an seinem Sandwich, während er die Tür zuschmeißt, das Auto startet, die Blaulichter anschaltet, die Sirenen laufen lässt, den Gurt anlegt, die Pistole überprüft, das Handschuhfach öffnet und nach dem Strafzettelbuch schaut, die Kupplung in den ersten Gang schaltet und aufs Gaspedal drückt. Eine Stunde später und zweihundert Kilometer weiter schafft es Dopeski endlich, den rasanten italienischen Sportwagen zu stoppen.

"Okay," sagt der Polizeiwachtmeister, und klappert nervös mit dem Strafzettelbuch. "Sagen Sie mir Ihren Namen!"

Der Ferrarifahrer blickt auf und sagt, "Mein Name ist Alfonso de Villa Martino Rivera Giovanni Tortoni Baloni."

"Hm..." meint Polizeiwachtmeister Dopeski dann, "...tun Sie es nie wieder!"

6. die phase der erhebung –
das verstehen,
dass wir getragen werden

die Trennung von dem gebrochenen Körper bewirkt in uns, dass wir uns plötzlich getragen und erhoben fühlen. Es ist als ob wir von nun an nicht mehr gehen müssen, uns nicht mehr bemühen müssen um irgendetwas, wir werden gen Gipfel getragen. Unsere Hülle lassen wir beiseite, wir trennen uns von unserem grobstofflichen Körper und werden in subtileren Schichten getragen, erhoben. Eine große Glückseligkeit kann uns in dieser Phase erfassen, denn unser aus der letzten Phase gewonnener Gleichmut hilft uns, unseren festen Körper zu lassen, ohne dass wir Ängsten ausgesetzt sind. Wir sind leicht und auch erleichtert. Ein großes Problem ist von uns abgefallen. Wir wissen nun, dass wir bald an den Gipfel gelangen werden und dass uns dies keine Furcht mehr einbringt. Im Gegenteil, unser Körper interessiert uns nicht mehr, wir sind ein weiteres Mal zentriert und gelassen.

Wir haben eine große Schwierigkeit durchgestanden und fühlen uns wohl und entspannt. Weiterhin mahnt uns unser Weg, gelassen und ergeben zu bleiben, doch würden wir es auch von selbst sein. Denn wir haben einen deutlichen Geschmack bekommen und der bedeutet, dass wir entspannen und zulassen, was geschehen will. Unser Vertrauen ist völlig da. Wir wissen, dass wir getragen werden, wir haben es erfahren. Eine Glückseligkeit umgibt uns, ein stilles Glück. Es ist nicht stark und laut, es ist subtil, doch nicht minder real. Mehr und mehr entspannen wir uns in die Gewissheit, dass wir nicht der Körper, nicht das

Denken und nicht die Gefühle sind, sondern nur der Zuschauer, der Beobachter, der Zeuge von allem, was geschieht. Eine existenzielle wunderbare Energie trägt uns und wir fühlen uns von ihr gehalten und gestärkt. Nicht der Körper, der schwindet mehr und mehr von Moment zu Moment, doch eine subtilere Schicht um uns erhebt sich und erfüllt uns mit Vertrauen und Dankbarkeit. Es ist ein Grund zum Singen und Tanzen, ein Grund, freudig zu sein und zu feiern. Zu Lachen und zu Scherzen, denn wir wissen es nun genau: Wir werden uns im richtigen Moment in Dankbarkeit auflösen.

Eine Kraft, die unabhängig von uns ist, zieht uns. Sie bringt uns sicher zum Gipfel. Nichts ist nötig zu tun, es bleibt nur das Feiern und sich Freuen. Die in der letzten Phase erlebte Stille gibt uns jede Gewissheit, dass Alleinsein etwas Wunderbares ist, dass wir existenziell getragen und geführt werden, in einer Weise, der wir vertrauen können. Auch wenn wir in unbekannte Zonen geführt werden, wir sind der Zuschauer und sonst nichts. Die Erhebung, die uns geschieht, geht einher mit einer Freiheit. Wir sind frei von Ängsten und Schocks, die Enge unseres Körpers und unseres Denkens ist gefallen. Auch unsere Gefühle lassen uns los und wir beginnen leicht und feiernd zu werden. Diese Freiheit war uns bisher nicht bekannt – nur meditierende Menschen kennen sie gelegentlich.

wir sind nur der zuschauer

Was uns früher als vielleicht ungewöhnlich und schwierig zu verstehen vorkam, ist nun zur Realität geworden. Wir sind nur der Zuschauer, sonst nichts. Der Tod kann uns nicht schrecken, denn wir sind bereit, alles sich auflösen zu lassen, was da noch ist. Die Freiheit, die in dieser Gewissheit steckt, bringt uns in große Dankbarkeit dem Leben gegenüber.

Wir sind still und zentriert in dieser Phase. Und wir warten ruhig ab, was noch kommt. Die Erleichterung der Befreiung von dem Festhalten am Körper und der Enge des Denkens und des Fühlens lässt uns weiter zentriert bleiben. Weiterhin halten wir uns in der Bewusstheit, dass wir nur der Zuschauer sind, was auch passiert.

Diese Phase kann sehr subtil sein. Vielleicht sehen wir es an einem sterbenden Freund nicht deutlich, wie befreit und glücklich er sich fühlt. Bei manchen anderen Menschen zeigt sich diese Phase jedoch durch offene Bekundung, dass die Schwierigkeiten vorbei zu sein scheinen, dass Freude und inneres Lachen und Stille kommt, Meditation.

Frau Goldfarb geht in eine Metzgerei, fragt den Besitzer nach einem frischen Huhn und beginnt sofort damit, es zu inspizieren.

Sie hebt einen Flügel hoch, steckt ihre Nase darunter und ruft: "Pfui! Es stinkt!"

Dann zieht sie ein Bein hoch, schnüffelt daran und sagt: "Igitt!"

Nachdem sie am hinteren Ende gerochen hat, hält Frau Goldfarb ihre Nase zu und sagt: "Wie das stinkt! Das nennen Sie ein frisches Huhn?"

"Sagen Sie mal, gute Frau", sagt der Metzger, "würden Sie eine solche Inspektion bestehen?"

7. phase des inneren feierns und des lachens – auf dem gipfel stehend machen wir uns bereit für den nächsten schritt

Was bleibt noch zu tun, wenn wir uns in Stille zentriert haben, erhoben wurden und nun wissen, dass wir nur der Zuschauer sind? Na, das Feiern! Wir sind auf dem Gipfel angelangt, wir wissen, was immer uns auch erwartet, es wird gut sein. Unser Weg zum Gipfel hat uns durch so viele Schwierigkeiten und Dimensionen geführt, in jeder Hinsicht mussten wir uns dem Unbekannten stellen und nun, wenn wir zurückschauen, sehen wir, dass alles ganz klar und einfach war. Wenn man vorweg geht, keinen Überblick hat, dann versteht man manche Notwendigkeiten nicht, wie auch, man weiß nicht, wohin der Weg führt. Doch in dieser Phase, kurz vor dem Verlassen des Körpers sind wir froh und bereit für den Sprung ins Unbekannte. Wir wissen es aus Erfahrung, dass wir immer weiter kamen, es immer besser wurde und unser Vertrauen in die Wege der Existenz wurde immer stärker.

Wir stehen am Gipfel und sind froh, dass wir nicht mehr mit dem Körper und dem Denken und den Gefühlen identifiziert sind, das heißt, an ihnen festhalten. Denn sonst würden wir ganz schön Angst bekommen in diesen eigenartigen Höhen des Gipfels. Doch so, in diesem erleichterten Zustand, sind wir glücklich und dankbar und freuen uns darauf, uns aufzulösen, so wie die Existenz es will. Wenn der Moment kommt, dann sind wir bereit, und wenn er nicht kommt, dann feiern wir eben noch ein bisschen die Höhen des Gipfels.

Rippo schrieb bei seinem Tod:

Mond und Blüten gesehen
Nun gehe ich um das Lieblichste zu schauen –
Den Schnee.

Osho sagt:
"Wie ich euch immer wieder erzählte, sind Zen Gedichte Bilder in Worten – sehr farbenfroh, sehr lebendig.
Mond und Blüten gesehen
Ich habe den Mond gesehen, ich habe großartige Blumen gesehen, *nun gehe ich um das Lieblichste zu schauen*
Den Schnee – die Reinheit des weißen Schnees.
Und wenn er niemals geschmolzen ist.... Es gibt Gipfel in Japan, auf denen der Schnee niemals geschmolzen ist, immer ist eine weiße Linie auf den Berggipfeln. Im Himalaja gibt es das wesentlich öfters, ewiger Schnee, der niemals geschmolzen ist und niemand ist auf diesem Schnee gegangen. Es gibt Tausende von Plätzen im Himalaja, wohin kein Mensch jemals gekommen ist. Die Reinheit dieser Gegend, die Stille dieser Gegend....
Es gibt ein Tal im Himalaja; man kann nur von ganz oben in das Tal schauen, Tausende von Metern tief. Es gibt keinen Weg in das Tal, es ist so steil. In diesem Tal blühen wahrscheinlich die farbenfrohsten Blumen, die dem Menschen bekannt sind, aber man konnte sie nur von Weitem erkennen. Dieses Tal heißt: "Das Tal der Götter" – ein schöner Name. Diese Blumen hat niemand jemals berührt; niemand erreichte jemals diese Tiefe, die von ewigem Eis umschlossen ist.

Rippo sagt, "ich habe den Mond und seine Schönheit gesehen, ich habe die Blüten und ihre Farben und ihre Düfte gesehen. Nun werde ich das Lieblichste schauen – den Schnee." Das reine Weiß – das die ewige Reinheit deines Seins symbolisiert."

Osho, Zen: The Mystery and The Poetry of the Beyond

die leere

an anderer Stelle sagen die Zen Leute: Da wo es nicht mehr weitergeht, gehe weiter, mach den nächsten Schritt.

So ergeht es uns vor unserem Tod. Obwohl wir bereits am Ende sind, geht es weiter. Wir freuen uns innerlich auf den nächsten Schritt. Glückselig und freudig, singend und tanzend, still und beobachtend machen wir den nächsten Schritt. In die Leere hinein, ins Nichtwissen, doch völlig bewusst, dass es weitergeht. Es ist klar, dass sich wieder Dimensionen für uns öffnen, die wir noch nicht kennen, oder vielleicht können wir sie nie kennen lernen, doch wir haben die Gewissheit, dass wir im Guten weiterkommen. Die Leere ist etwas, das uns früher große Angst gemacht hat, doch nun sind wir nur glücklich, sie erfahren zu dürfen.

Ein sterbender Freund kann seine Freude vielleicht nicht nach außen zeigen, doch sie ist da. Wenn der Tod deutlich kommt, der Moment des Weggehens aus diesem Leben, der Moment der Auflösung, dann ist die Dankbarkeit groß.

Einmal erlebte ich es in meinem Heim, dass ich die Letzte war, die mit einem Herrn (oder soll ich sagen mit einem Freund?) sprach, am Abend, bevor er seinen Körper dann in der Nacht verließ. Bis dahin hatte er schwierige Zeiten erlebt, leider schwierigere, als es nötig gewesen wäre, doch das war eben so. An diesem Abend plauderte er plötzlich erleichtert und froh mit mir, als ob er etwas sehr Schönes vor sich hätte, als ob er ein schönes Leben noch vor sich hätte. Keiner glaubte zu dieser Zeit, dass der Mann im Sterben lag. So freute ich mich auch darüber, dass er so gelöst und entspannt war. Er sagte, er freue sich darauf, zu schlafen. Und ich meinte daraufhin, dass Schlafen immer etwas Tolles sei. Er blickte mich liebevoll und herzlich an und dann ging ich. Ich denke, dass er sich in dieser letzten beruhigten Phase befand.

Man stirbt wie man lebt. Daher erscheint es mir auch im Leben bereits wichtig, sich der Meditation und dem Lachen zu widmen. Nur so bereitet man sich bereits im Leben auf den Tod vor.

Eisi Eisberg, Vertreter der "Titanic Versicherungen", besucht die Kowalskis zuhause. Herr Kowalski ist in der Kneipe, so dass Eisi nichts anderes übrig bleibt, als mit Olga zu verhandeln.

"Wissen Sie wie viel die Lebensversicherungspolice Ihres Ehegatten wert ist?" fragt Eisi.

Olga versteht nicht, wovon er spricht und schaut ihn verständnislos an.

"Lassen Sie es mich anders versuchen", sagt Eisi geduldig. "Wissen Sie, was Sie haben werden, nachdem Ihr Ehegatte verstorben ist?"

"Ah! Darüber habe ich oft nachgedacht," sagt Olga, "Wahrscheinlich kaufe ich mir einen Papagei!"

Das Verlassen
des Körpers

Das Verlassen

des Körpers

das mysterium
öffnet sich

die Reise bis zu diesem Punkt war mysteriös. Jeder
Mensch, ob er freiwillig mit Meditation hierher
kommt oder unfreiwillig, hat viele Erfahrungen gemacht,
die ihn in immer höhere Zustände gebracht haben. An diesem andachtsvollen Moment des Verlassens des Körpers
öffnet sich das Mysterium und bringt uns in Gefilde, die
wir nur mit Ekstase und Glückseligkeit, mit Meditation
beschreiben können. Nicht dass wir das Gefühl hätten, dass
etwas Besonderes geschieht – das Mysterium umgibt uns
immer und so kennen wir es auch. Doch wenn wir den
Körper verlassen, und ich beziehe mich auf den Tod, nicht
auf außerkörperliche Wahrnehmungen, sagen wir plötzlich innerlich: "Ach ja, ich erinnere mich! Ich habe es nur
vergessen, wie es war! Es ist wunderbar den Körper zu verlassen. Ich kenne das genau, kenne die Situation und die
Schwingung um mich herum genau."

Das Mysterium trägt uns in seinen Armen. Eine dichte, stille Energie erfüllt und umgibt uns.

der flug des vogels
in andere welten

Unsere Energie breitet ihre Flügel aus und wir fliegen in Gefilde, die wir hier nicht kennen. Unser Flug ist ruhig und klar. Es gibt keine Störung oder Unannehmlichkeit. In diesem schwerelosen Zustand verlassen wir alles, was mit diesem Leben zusammenhing und sind nur noch das natürliche Zuschauen. So lange bis uns plötzlich etwas anzieht, bleiben wir in diesem wundervollen Zustand.

Doch wir werden wieder aus dieser Erhabenheit herausgezogen und ins Leben zurückkehren; es gibt Energien, die uns anziehen, aus verschiedenen Gründen. Wir werden zum Beispiel durch eine bestimmte Sexualität angezogen, sie fasziniert uns, wir können ihr nicht widerstehen. Oder bestimmte Situationen, Grundvoraussetzungen im Leben ziehen uns an, wir möchten dies oder jenes erleben, nicht aus Gier oder Verblendung, sondern aus Interesse oder Einsicht. Bestimmte Energien, Menschen ziehen uns an, denen wir begegnen wollen. Oder manchmal zieht es uns auch in ein Leben, das unangenehm und schwierig ist, weil wir wissen, dass wir noch etwas lernen müssen, was damit zu tun hat. Manchmal werden wir magisch von etwas angezogen, das uns fasziniert und das kann dann auch eine Erfahrung in dem neuen Leben sein, die unser Sosein unbedingt machen möchte. Es kann sich um Liebe wie um Schmerz handeln, um Größe wie um Einfachheit.

Diese Anziehung ist keine logisch gesteuerte. Wie im Leben auch folgen wir einfach unserem Interesse. Viele mögliche Leben stehen uns zur Verfügung, das Maß unserer Anziehung an ein neues Leben steuert unsere Wiedergeburt. Es ist als ob sich viele Angebote für uns öffnen und doch lassen wir uns von einem bestimmten verführen – unser nächstes Leben. Es ist nicht so, dass wir unbedingt ein Thema, das wir in diesem Leben erlebt hatten, in unserem nächsten Leben weiterführen werden. Vielleicht zieht uns ja etwas völlig anderes an. Von außen betrachtet ist es schwer zu verstehen, warum jemand sich von einem bestimmtes Leben angezogen fühlt, es sind nicht die äußeren sichtbaren Umstände, die den Sog ausmachen. So kann man zum Beispiel eine Faszination für etwas haben, das sich dann als das Leben eines armen, doch glücklichen Menschen zeigt. Oder das intensive Interesse gilt etwas anderem und das ist dann ein Leben eines erfolgreichen Politikers, der vielleicht außer Stress nichts in seinem Leben kennt. Die äußeren Umstände machen nicht die Anziehung aus, es ist mehr wie Musik oder Klang, es ist eine Frequenz, die uns interessiert. Wenn wir den Flug des Vogels ge-nießen, ungebunden und völlig frei, glückselig und in Liebe, dann sind wir auch frei von Anziehungen. Bis plötzlich Klänge zu uns kommen, Klangfarben könnte man es nennen. Wie im Leben auch sind wir mehr oder weniger fasziniert und erhoben von ihnen. Mich zum Beispiel erhebt klassische indische Musik sehr. Sitar, würde ich diese Klänge dort hören – batsch – wäre ich gefangen in der Anziehung an sie. Gäbe es das Klangmuster von bayrischer Volksmusik, würde ich einfach da bleiben, wo ich bin, es gäbe keine Anziehung. Doch es gibt Leute, die sich sehr von diesem Klangmuster der Volksmusik betören lassen und die würden dann in dieses Klangleben hineingezogen, ohne Wertung meine ich das. Denn wie gesagt, von oben geht es nur um Anziehung an die Frequenzen, was daraus wird, sieht man dann, wenn man es lebt.

Die meisten Menschen werden sofort, ohne zu fliegen, in das nächste Leben gezogen, denn sie haben viele unerfüllte Sehnsüchte und Wünsche. Dann gibt es ein paar, die wie oben drüber schweben und sich fragen, in welche der Frequenzen sie sich reinziehen lassen wollen, welche denn am besten im Moment für sie wäre. Sie sind nicht identifiziert und können eine Auswahl treffen. Und dann gibt es welche, die sagen: Nein, in so was will ich nicht mehr hineingezogen werden, ich warte ab, bis etwas exakt für mich Passendes auftaucht.

Es geht auch, dass der freie Flug des Vogels, wie ich hörte, nie mehr unterbrochen werden kann. Ist die Zentrierung und Bewusstheit im Leben so weit fortgeschritten, dass es nichts mehr zu erledigen gibt, dass es keine Sehnsüchte und Wünsche mehr gibt, die in bestimmte Klangfarben, Leben, hineinziehen, kein Interesse mehr und keine Lernerfahrungen mehr zu erleben sind, dann wird sich der Vogel in die Mysterien entfernen und nicht mehr wiederkehren.

meine erlebnisse

einmal hatte ich einen Motorradunfall. Instinktiv rollte ich mich ab beim Sturz und kam halbwegs unversehrt auf dem Boden an. In einem inneren Trieb räumte ich noch das Motorrad von der Straße zur Seite und brach dann in einem Schock zusammen. Ich war in einem glückseligen Zustand. Diese Energie, die mich ausmachte, war wundervoll. Eine durch und durch empfindsame, ätherische Energie erhob mich. Ich war beglückt so zu sein, wollte meine Flügel ausbreiten und für immer davon fliegen. Doch dann wurde ich rüde in die harte Wirklichkeit zurückgeholt, ein Autofahrer ließ mich an einem Fläschchen riechen, das mich sofort wieder in die Härte des Körpers zurückzog. Ich hatte kein außerkörperliches Erlebnis, wie ich es von vielen anderen Verunglückten hörte, doch dieses ätherische Klingen, das mich da umgeben hatte, war so wundervoll, dass es mich noch lange beschäftigt hatte.

Ein zweites Mal, als ich aus der Narkose bei einer Operation aufwachte, erging es mir genauso. Diese überirdische glückselige Energie, die mich ausmachte, war alles, was ich wollte. Doch je mehr ich aufwachte, desto mehr wurde ich wieder in die Enge und die Härten meines Körpers gezogen. Ich weinte, weil ich so verzweifelt war, warum es wieder geschah. Es war wie ein Sog, der mich hineinzog in den Körper und ich hatte nichts dagegenzusetzen als nur meine Tränen und die Frage: Warum?

Sie hat mich lange beschäftigt. Heute weiß ich den Grund. Ich war damals sehr identifiziert und unbewusst mit meinem Körper. Sehr verbunden mit ihm. Ich musste bewusst lernen, mich von dem Körper zu lösen, zu disidentifizieren, der Zuschauer sein. Diesen Weg bin ich gegangen und heute nehme ich an, dass ich in einer gleichen Situation nicht mehr so tief in den Körper sinken muss, wie damals. Meine Losgelöstheit ist besser geworden, ich erinnere mich mehr und mehr, dass ich nicht der Körper, nicht meine Blockaden, nicht meine Härten bin.

Pater Pankus trifft seinen Erzfeind Rabbi Horrowitz auf der Straße.

"Letzte Nacht," sagt Pater Pankus, "träumte ich, dass ich im jüdischen Himmel war. Mein Gott, der jüdische Himmel war das reinste Chaos! Alle schrieen und riefen wild gestikulierend durcheinander; die Leute stritten um Geld – ein völliges Durcheinander und der Lärm war ohrenbetäubend.

"Tja," antwortet Rabbi Horrowitz, "das ist eigenartig. Letzte Nacht hatte ich auch einen Traum – ich war im christlichen Himmel, aber dort war es ganz anders. Schöne Blumen überall, großartige Architektur, weite offene Straßen, ein himmlischer Frieden und Ruhe soweit man schaute."

"Und die Leute?" fragt Pater Pankus stolz.

"Leute?" antwortet der Rabbi. "Welche Leute?"

das lächeln des zen-meisters

die Zen-Meister sterben mit einem Lächeln. Sie wissen, was sie erwartet und sie wissen auch genau wann. Es gibt viele Geschichten, in denen ein Meister sagt, dass er an diesem bestimmten Tag, in jener bestimmten Haltung sterben wird und so geschieht es dann auch. Unter den früheren Zen-Meistern gab es sogar so etwas wie einen lustigen Wettbewerb, wer an originellsten stirbt. So verlassen manche im Schneidersitz den Körper, manche im Kopfstand, einer zündet das Verbrennungsholz selbst an und springt auf den Feuerhaufen, um dort lachend zu sterben. Ein anderer steckt sich Feuerwerkskörper in die

Kleider, die dann bei der Verbrennung explodieren, einer zieht sich seinen Stock und Hut an und macht einen Schritt vorwärts und stirbt dabei und wieder ein anderer tut so, als ob er schon seinen Körper verlassen hätte und das glaubhaft, die Vitalzeichen haben bereits aufgehört. Seine Schüler glauben, er wäre tot, bis die Schwester des Meisters kommt, ihm einen groben Stoß versetzt und ihn anschimpft, er solle keine Schwierigkeiten machen und sich normal aufs Bett legen. Da öffnet der Zen-Meister wieder lachend seine Augen und sagt darauf: "Ok, dann sterbe ich eben jetzt!" Die Schüler haben so das Problem, dass sie nie wissen, ob er nun wirklich gestorben ist oder nicht, denn er spielte das Spiel mehrere Male mit ihnen.

Ein anderer Zen-Meister bekommt einen Kuchen, von dem er genüsslich abbeißt. Seine Schüler warten gespannt auf seine letzten Worte: "Ja", sagt er, "ahh, dieser Kuchen ist köstlich" und dann stirbt er. Und ein weiterer Zen-Meister wird von seinen Schülern daran erinnert, dass er letzte Worte sagen muss. In diesem Moment laufen zwei Eichhörnchen übers Dach und kratzen an den Ziegeln. Der Meister sagt: "Horcht nur, wie wunderschön" und stirbt.

Ein Haiku:
Basho schrieb:

Sterbende Grille
wie voller Leben
ihr Lied.

Osho sagt dazu:

"Sie stirbt...*sterbende Grille – wie voller Leben, ihr Lied.*

Das ist die Art für den Erwachten zu leben, mit überfließendem Leben, er strahlt einen Überfluss an Energie aus, und das ist auch die Art für den Erwachten zu sterben, er strahlt immer noch aus und seine Freude, seine Glückseligkeit, seine Ekstase fließt über."

Osho, No Mind: The Flowers of Eternity

Die meisten Zen-Leute verfassen noch ein Abschlussgedicht, nur ein paar Worte, das ihre gewonnene Weisheit und Freude ausdrücken soll.

Das Todesgedicht von HSU-T'ang, das Ikkyu, einen Zen-Meister, sehr inspirierte:

Kommend von nirgendwo,
und wieder gehend nach nirgendwo,
ein kurzer Blick...
und der Eintritt ins Mysterium.

Ein Haiku:

Ich kann nichts tun;
Mein Leben voller Widersprüche,
vom Wind verweht.
Ich kann nichts tun...

Osho sagt:
"Tatsächlich wird jeder, der seine innerste Stille kennen gelernt hat, mit dem Dichter übereinstimmen, der sagt:

"*Ich kann nichts tun*, was immer auch geschieht, geschieht. Ich bin nur der Zuschauer, wenn überhaupt. ...*mein Leben voller Widersprüche, vom Wind verweht.*

Ich kann nichts tun. Manchmal werde ich in den Norden geweht, manchmal in den Süden. Es ist alles widersprüchlich, ich bin nur ein Zuschauer."

Nur ein Zuschauer zu sein, und kein Macher, ist die ganze Essenz von Meditation."

Osho, No Mind: The Flowers of Eternity

Als Buddha seinen Körper verließ, verabschiedete er sich von seinen Schülern. Da kam ein Mann gerannt und fragte den Schüler Ananda, der für Buddha sorgte, ob er nicht noch eine Frage stellen könne. Ananda meinte, es wäre zu spät, Buddha starb bereits.

Da öffnete Buddha die Augen wieder und sagte: "Ich habe noch nicht meine Gefühle verlassen, erst meinen Körper und meinen Geist, ich kann wieder zurückkehren. Ich möchte nicht, dass es jemand gibt, der eine Frage hat und ich kann sie noch beantworten." Er sprach mit dem Mann über sein Problem, und legte sich dann wieder zum Sterben hin.

Als Sokrates vergiftet wurde, erzählte er seinen Schülern von seinem Tod. Er berichtete genau, wie es geschah, nachdem er das Gift getrunken hatte. Zuerst wurden die Füße und Beine gefühllos, dann der Unterkörper. Es ging weiter nach oben. Doch Sokrates sagte zu seinen Schülern zugleich deutlich, dass er noch der Gleiche ist, dass alles beim Alten ist, dass sich nichts ändert. Und dann am Schluss machte er deutlich, dass er gleich nicht mehr sprechen kann, doch seine Schüler sollten es nicht vergessen, dass er der Gleiche ist, dass sich nichts ändert an ihm.

liebe und meditation

Wenn der Tod kommt, ergibt sich der bewusste Mensch in wunderschöner Weise, anmutig. Er stirbt. Er geht mit dem Tod in eine Richtung. Es gibt kein bisschen Widerstand in ihm, nicht ein kleines bisschen. Er kämpft nicht, er umarmt den Tod.

Wir brauchen ein Verstehen, ein Kennenlernen des Todes, wenn wir einen schönen Tod sterben wollen. Nur wenn wir dem Tod schon vorher begegnet sind, ist dies möglich. Kennen wir den Tod nicht, wird es für uns schwierig sein, nachzugeben und uns ihm zu ergeben. Daher ist die Meditation so wichtig, denn sie bringt uns in Berührung mit dem Tod und seinen Wegen. Wir lernen ihn kennen, haben einen Geschmack von ihm und lernen seine Schönheit lieben. Die besondere mysteriöse Art des Todes beginnen wir zu lieben, wir verlieben uns sogar in sie.

Nur ein Meditierer und ein Liebender kann ohne zu kämpfen sterben, denn wir tragen alle unbewusste Widerstände in uns, die im Sterben zu Tage kommen. Wenn wir meditieren, oder auch lieben, denn in der Liebe lernen wir auch, uns zu ergeben, loszulassen, dann lernen wir den Tod kennen. Eine tiefe Liebe lehrt uns ebenso wie die Meditation, uns aufzugeben und keine Angst zu haben vor existenziellen Erlebnissen. Im Gegenteil, wir lernen, diese intensiven Momente mit großer Freude, Liebe und Feiern willkommen zu heißen.

Liebe und Meditation sind die Schlüssel für einen lächelnden Tod. Oft gehen wir in der tiefen Liebe durch ein Sterben, ebenso in der Meditation. So kommen wir in Kontakt mit der Essenz des Sterbens, was wichtig für das

Verlassen des Körpers ist. Es ist auch nur ein Sterben, so wie in der Liebe und der Meditation.

leben und tod
– das gleiche phänomen

Gift und Nektar
Sind das Gleiche für ihn.
Er ist tot und lebt zugleich aus vollem Herzen.

Wenn wir mit dem Tod mehr in Kontakt gekommen sind, zum Beispiel über die Liebe und die Meditation, beginnen wir zu verstehen, dass das Leben und der Tod zwei Aspekte der gleichen Münze sind. Dann sind wir nicht mehr in Sorge und traurig oder aufgeregt, wegen des Todes. Haben wir mehr und mehr gelernt, Zuschauer zu sein, bleibt uns nur eine absichtslose Aufmerksamkeit auf das was geschieht. Wir wählen nicht mehr aus, entscheiden uns für nichts, sondern schätzen einfach alles, was da ist. Ohne zu bewerten. Dann ist alles das Gleiche, Leben oder Tod.

Wollen wir den Tod vermeiden, vermeiden wir das Leben. Wir wählen aus, wir entscheiden uns für eine Sache und verbinden uns daher mit ihr und trennen uns von der anderen. So sind wir nicht mehr der Zuschauer und leiden an den daraus folgenden Unwahrheiten. Leben und Tod gehen ineinander über, sie sind ein Phänomen. Sie spielen miteinander. Sterben passiert im Leben durch die Liebe und die Meditation und Leben passiert im Tod, auch durch die Liebe und die Meditation.

Am besten entspannen wir uns einfach und akzeptieren, das, was uns geschenkt wird. In welcher Weise der Tod zu uns kommt, ist nicht unsere Sache, es wird uns vom Leben oder der Existenz geschenkt.

Das ist es, was Meditation ausmacht: Wir sind in einer Weise gestorben und doch leben wir aus vollem Herzen. Es gibt keine Dualität, keinen Widerspruch mehr zwischen Leben und Tod. Es ist ein Phänomen. Was immer uns das Leben schenkt, wir nehmen es in Freuden an. Und was immer uns der Tod schenkt, wir nehmen auch das in Freuden an. Ob es Schwierigkeiten oder Glückseligkeiten sind, wir nehmen sie an. Denn auch Schmerzen können uns bereichern, sie geben uns eine Tiefe und auch oft Einsichten, die wir sonst nicht annehmen könnten.

Das gleiche gilt für das Lachen und die Freude, auch sie geben uns Schätze, die uns über das Leben und den Tod belehren. Wenn unser duales Denken wegfällt, dass es einen Unterschied gibt zwischen Leben und Tod, dann wird es uns sehr leicht fallen, im Leben existenziell, mit der größten Tiefe, zu leben und im Tod existenziell, auch mit der größten Tiefe, zu sterben. Oder wir können dann auch sagen: Wir leben existenziell durch unser Sterben im Leben und wir sterben existenziell durch unser Leben im Sterben.

Herr Schulz liegt im Sterben. Die Familie hat sich um ihn versammelt.

"Thomas, bist du da?" haucht der Sterbende.

"Ja" sagt Thomas.

"Klaus, bis du auch da?" fragt Herr Schulz mit größter Anstrengung.

"Ja, Vater, beruhige dich, ich bin auch da".

Die Söhne beugen sich vor, um die kaum hörbaren letzten Worte ihres Vaters zu verstehen. "Und Herrmann, wo bist du, bist du auch da?" flüstert Herr Schulz.
" Ja Vater, ich bin hier."
Da bäumt sich der Sterbende mit letzter Kraft auf: "Und wer verdammt noch mal ist im Geschäft?"

nahtod-erfahrungen

Von Menschen, die bereits klinisch tot waren, wird berichtet, dass sie Nahtod-Erfahrungen gemacht haben. Die Erlebnisse sind in Grundzügen von ihnen ähnlich beschrieben, das ist das erstaunliche daran. Ich habe mich mit diesen Erlebnissen zwar beschäftigt, möchte hier aber nur kurz darauf eingehen, da sie nicht in meinen Erfahrungsbereich gehören. Wer sich mehr mit diesen Phänomenen beschäftigen möchte, der kann im tibetischen Totenbuch nachlesen. Die Tibeter haben eine ganze Wissenschaft ausgearbeitet, Bardo genannt, was beim Tode passiert und wie sie den Toten weiter in das nächste Leben begleiten.

Die meisten Menschen, die bereits tot waren, berichten von einem schwarzen Tunnel, der zu einem wunderbaren Licht am Ende führte, das sie erfüllte und anzog. Auch von verstorbenen Verwandten und Freunden, die ihnen mit Wiedersehensfreude begegneten und sie begleiteten und anleiteten. Es gibt Berichte, dass sie sahen, wie sie über ihrem toten Körper schwebten. Sie nahmen die Szenerie völlig klar wahr, was mit dem Körper und den umstehenden

Freunden geschah. Sie waren erfüllt und schmerzlos, glückselig, dem Licht näher zu kommen. Und das Licht strahlte warm und friedlich, liebevoll, beschützend. Sie waren in einer inneren Kommunikation mit dem Licht. Vielleicht sahen sie auch ihr Leben vorüberziehen. Manche beschreiben, dass sie ihr ganzes Leben sahen, ja wie wieder erlebten, manche sagen, dass sie die wesentlichen, wichtigen Momente wieder erlebten und deren existenzielle Bedeutung verstanden.

Es gibt auch Berichte über schlimme Erfahrungen von Menschen, die klinisch tot waren. Sie sind selten, hauptsächlich wird von den schönen Erlebnissen erzählt.

himmel und hölle –
von der notwendigkeit zu verstehen

meines Erachtens sind die Phänomene des Himmels und der Hölle in sofern wirkliche Phänomene, als dass sie innere Prozesse beschreiben. Wir alle tun Dinge, die von der Religion als Sünde verurteilt werden. Selbst wenn wir die Religion bewusst verlassen haben, so sind doch deren Vorschriften noch lange tief in uns verankert. Die Sünde kann aus Kleinigkeiten bestehen wie dass wir zu der schönen Nachbarin schauen und uns kurz fragen, wie es wohl wäre, wenn wir mit ihr schlafen würden. Oder vielleicht hassen wir unseren Chef oder eine Verwandte, vielleicht hassen wir unsere Eltern. Vielleicht haben wir uns an etwas bereichert, das uns nicht gehörte, vielleicht töteten wir ein Tier oder wir gingen nicht in die Kirche und beteten nicht so, wie es üblich ist. Vielleicht hatten wir Sex vor der Ehe oder verwendeten Kondome...viele Dinge tun wir, die unsere Religion verurteilt als Sünde.

Sie mögen bewusst für uns eine Rolle spielen, oder auch nicht – es ist eine Frage des Unterbewusstseins, nicht der bewussten Entscheidung, ob wir uns diese Sünden vergeben können oder nicht.

Im Tode kommen wir dann in die Hölle, wenn wir uns etwas nicht vergeben können. Das bedeutet, wir produzieren selbst große Schmerzen und Leiden für uns, wir produzieren selbst eine Bestrafung für uns. Leider hat sich in uns die Idee der Hölle tief eingegraben, so dass wir uns schuldig fühlen für auch kleinste Dinge. Die christlich-westliche Religion kennt kein Mitgefühl, man wird schon wegen Kleinigkeiten in die ewige Hölle geworfen. Und glauben Sie nicht, dass das keinen Einfluss auf Sie hat! Wenn Sie dem Tode nahe kommen, werden Sie sich schuldig fühlen für Dinge, die Sie getan haben und die als Sünde für die Kultur gelten, in der Sie aufgewachsen sind. Auch wenn Sie sich in Ihrem Leben darüber gestellt haben und sagten, dass Ihnen das egal ist – auch dann wird Sie die Emotion erwischen, die das Christentum auf uns ausschüttet. Es ist das Klima, in dem wir geprägt sind. Daher fühlen wir uns am Ende unseres Lebens für Dinge schuldig, die gegen das Christentum verstoßen. Du sollst nicht lügen, du sollst nicht ehebrechen, du sollst deinen Nachbarn lieben und du sollst die andere Backe hinhalten, wenn du geschlagen wurdest!

Doch was ist die Realität? Von einer mitfühlenden Sichtweise aus gesehen? In unserer angespannten und psychisch versklavten westlichen Welt ist es kein Wunder, wenn wir uns zum Beispiel gezwungen sehen, zu lügen. Was ist das für ein Problem? Gar keines! Wenn wir den

Stress in der Arbeit nicht mehr ertragen können und daher sagen, wir seien krank, ohne es im Sinne der Medizin zu sein, – was ist das für eine Lüge? Gar keine! Vom Christentum her gesehen ist es eine, doch mitfühlend gesehen ist diese Lüge eine Notwendigkeit, zu überleben.

Wir brauchen ein mitfühlendes, verständnisvolles Herangehen an unsere Taten. Meines Erachtens gibt es für Negativität immer eine Erklärung. Auch die Menschen, die zum Mörder wurden, hatten wahrscheinlich schlimme Erfahrungen in der Kindheit, wurden nicht richtig daraufhingewiesen, dass Destruktivität Folgen hat. Ein Feedback, eine Antwort, die greift, ist für mich die beste Weise, einem Menschen klarzumachen, wann er destruktiv ist und wann nicht. Zugleich würde ich konstruktives, kreatives, freundliches Verhalten immer belohnen. Oder es liegt an der Chemie, den Hormonen oder der Biologie, warum ein Mensch zum Mörder wird – warum sollte er dafür bestraft werden? Er braucht eine Behandlung, sei es physisch, sei es psychisch.

Doch das Hauptproblem erscheint mir zu sein, dass wir es verlernt haben, natürlich auf Destruktivität abweisend und abwehrend, auf Freundlichkeit unterstützend zu reagieren. Würde so natürlich mit den Menschen umgegangen werden, gäbe es wohl nicht so viel Leid in dieser Welt. Leider ist genau das Gegenteil üblich. Man kann es überall sehen, wie Destruktivität gefördert und Natürlichkeit abgelehnt wird.

Ein Beispiel dafür sind die Ernährungsgewohnheiten, Fettes, Alkoholisches und andere Gifte, Süßes, Nikotin, wird geschätzt, kein Petersiliensträußchen oder ein bunter Obstkorb wird besonders geliebt. Oder es ist üblich, destruktiv mit seinem Körper umzugehen. Die Kleidung ist eng und spannt unter den Armen, schneidet am Bauch und im Schritt ein. Die Schuhe sind spitz zulaufend und hoch. Der natürliche Haarwuchs am Kinn, unter den Achseln und an den Beinen wird entfernt und andere abartige, destruktive Varianten gibt es, wie sich die Augenbrauen zu zupfen und die Schamhaare zu rasieren. Eine Frau in den Wechseljahren färbt sich meist die Haare, als wäre es eine Schande, älter zu werden. Es gibt noch viele andere Beispiele für die Ablehnung von Natürlichkeit in der Gesellschaft.

Wenn der Ehemann unerwartet nach Hause kommt, sagt eine französische Ehefrau: "Pierre, rutsch rüber, mein Mann ist zurück!"
Eine deutsche Ehefrau sagt: "Fritz, du bist zwei Minuten zu früh!"
Eine englische Ehefrau sagt: "Hallo, Liebling, darf ich dir Gilbert vorstellen?"
Eine griechische Ehefrau sagt: "Hallo, Spyro! Die Hintertür ist immer noch offen!"
Eine italienische Ehefrau sagt: "Mamma mia, Luigi. Wenn du uns alle erschießen willst, erschieß dich selbst zuerst!"
Und eine jüdische Ehefrau sagt: "Hymie, bist du es? Wer um Gottes Willen liegt dann neben mir?"

die ablehnung von natürlichkeit und die anziehung von destruktivität

man braucht nicht zu glauben, dass dies keine Bedeutung hat. Es hat Bedeutung für das ganze

Grundklima in dieser westlichen Gesellschaft. Natürlichkeit wird in vielfältiger Weise abgelehnt und Destruktivität wird geschätzt. So geht man dann auch mit der Natürlichkeit und der Destruktivität der Kinder um, das geht ganz automatisch. Ist man bereit, seine Gesundheit wegen der Gesellschaft aufzugeben, so wird man das seinen Kindern auch lehren. So belohnt man sie dann für unnatürliche und destruktive Impulse und beachtet ihre Kreativität und ihre natürliche Individualität nicht. Es ist kein Wunder, dass unter diesen Umständen Negativität gefördert wird und es daher so viel Leid gibt.

Würden die Menschen damit beginnen, auf Negatives abwehrend zu reagieren, sich davon zurückziehen, gäbe es bald wesentlich weniger Probleme. Und ein Verständnis käme auf, wie und woher diese Destruktivitäten entstehen. Die Religionen, besonders die christliche, geht von einem Menschenbild aus, in dem der Einzelne schlecht und unbelehrbar ist und daher mit Drohungen geführt werden muss. Mein Menschenbild ist gut. Für mich ist jeder Mensch gut, er hat nur vielleicht noch nicht gelernt zu sehen, wo er destruktiv ist und wie er das vermeiden kann. Aber es ist kein Problem, keine Sünde, nur ein Missverständnis.

wir schaffen uns selbst eine hölle – wegen unserer schuldgefühle

bereits in unserem Leben könnten wir damit anfangen, uns zu vergeben. Ich meine damit, uns mitfühlend zu begegnen und zu verstehen, warum dies und jenes passiert. Und tun wir das nicht, kann es sein, dass uns im Tode ein

Schuldgefühl überwältigt, das uns in die Hölle wirft, die unsere eigene Kreation ist. Wir schaffen sie nach unseren Maßstäben, damit wir leiden und uns damit befreien von der Schuld.

Auch das lässt mich wieder über das ganze System den Kopf schütteln, als ob Leiden eine unangemessene Tat wieder gut machen würde. Als ob Leiden oder eine Bestrafung irgendetwas ändern würde – diese Vorstellung ist es, die die Hölle erschafft; von uns selbst, für uns selbst. Je schlimmer wir von der Religion darauf geprägt wurden, wie die Hölle aussieht und was darin geschieht, umso schlimmer werden wir für uns, wegen unserer Schuldgefühle, diese Hölle erschaffen.

Wir müssen begreifen, dass es natürlich ist, Fehler zu machen. Sie sind dazu da, dass wir etwas lernen. Wir machen sie, vielleicht tut es uns leid, wenn wir jemanden verletzt haben, ok, dann versuchen wir eben, die Sache wieder gut zu machen. Sei es mit Worten, Gesten oder Handlungen. Doch sicher nicht mit Leiden oder Schuldgefühlen. Wir lernen dazu, so dass wir das nächste Mal nicht mehr verletzen. Und so geht das weiter. Fehler sind erwünscht, niemand muss sich wegen Fehler verurteilen. Dieser Ansatz sollte so tief wie möglich in uns einsinken, so dass wir nicht wieder eine Hölle für uns erschaffen, wegen Dinge, die nur kleine Fehler waren. Es war ein Unverständnis der Situation, keine Schuld. Deshalb auch ist Meditation im Leben so wichtig, denn durch sie lernen wir, besser zu verstehen, warum wir Fehler machen. Die Situationen werden klarer, wenn wir ihnen unbeteiligt zuschauen.

Anne und Gerda treffen sich das erste Mal wieder, nachdem Anne aus den Flitterwochen zurück ist.

"Na, wie war es denn?" fragt Gerda ihre Freundin ganz gespannt.

"Ach, – rauf und runter, rein und raus, rauf und runter, rein und raus...ich sage dir, nimm bloß kein Zimmer neben dem Aufzug!"

der himmel ist immer da

In dieser Weise werden wir immer in den Himmel kommen im Sterben. Der Himmel bedeutet einfach, die Liebe annehmen zu können. Wir öffnen uns für das, was immer da ist, denn der Himmel der Liebe und der Erhebung ist immer da. Die Hölle erschaffen wir uns selbst, weil wir uns nicht verzeihen können aus unserem Missverständnis heraus, doch die Liebe und die Glückseligkeit ist immer da. Wir brauchen sie nicht zu erschaffen, sie sind da. Es ist eine Frage des sich für sie Öffnens.

Fühlen wir uns bereit, das Glück an uns heranzulassen, ja wollen wir uns ihm ergeben? Das können wir am besten, wenn wir uns schon im Leben total darauf eingestellt haben. Auch deshalb meinte ich, dass diese Zuwendung zu Positivem, Konstruktivem, Kreativem, Natürlichem so entscheidend ist. Wir stellen uns mehr und mehr darauf ein und können uns mehr und mehr in dessen Gegenwart entspannen und es feiern. Eine feiernde Haltung ist die beste Vorbereitung, sich dem Himmel, dem Mysterium ergeben zu können.

Wenn wir verstanden haben, dass unser Ich-Gefühl es ist, das uns immer wieder vom Himmel abbringt, dann lernen wir langsam, es zu lassen. Die Existenz tanzt immer, sie feiert immer. Doch wir können leider nicht sehr oft mitgehen, nur gelegentlich haben wir Momente, in denen wir offen sind für die Glückseligkeit.

Unsere Härte, unsere Schale, unser Denken, dass wir es besser wissen, hindert uns daran, mehr und mehr sich dem Fluss der Existenz hinzugeben. In uns ist eine Meinung, dass wir uns zusammenreißen müssen, dass wir unseren Mann stehen müssen, dass wir überlegen sein müssen, um zu überleben. Im Himmel sind wir, wenn wir uns entspannen, wenn wir nachgeben und unser Ich-Gefühl nicht so wichtig nehmen. Es lassen können.

Gerade im Tode ist es von Bedeutung, dass wir gelernt haben, uns zu ergeben. Wir können uns dem Moment hingeben, dem, was ist. Wir lassen alle Vorstellungen los, wie etwas sein sollte und geben nach. So kann die Existenz uns das schenken, was möglich ist – und wir sind empfänglich dafür. Haben wir bis zu unserem Tode diese Empfänglichkeit und Offenheit, dieses Nachgeben und Aufgeben unserer Vorstellungen nicht gelernt, werden wir uns beim Sterben verkrampfen und so leiden.

Ein tiefes Ja! zu allem was passiert, ist nötig und wir sind im Himmel.

Jeden Moment.

die beschreibung eines todes

meine meditierende Freundin pflegte und begleitete ihre an Krebs sterbende Mutter und berichtete mir sinngemäß Folgendes:

Zuerst war meine Mutter sehr verkrampft. Sie dachte, sie müsse sich zusammenreißen und hielt sich trotz ihrer Schmerzen aufrecht. Sie verhärtete sich dabei. Dann nach einiger Zeit, ließ sie meine Umarmung zu und entspannte sich in meinen Armen. Sie weinte tief und erlöste sich dadurch von ihrer Verkrampfung. Sie konnte nachgeben. Von da an ging es ihr besser, obwohl sie sehr viele Schmerzen hatte, trotz Medikamente. Man konnte zuschauen, wie der Körper langsam vom Krebs zerfressen wurde, doch es war weiterhin ihr schöner Tempel, ihr Zuhause in dieser Welt. Von dem Moment an, als sich meine Mutter ergeben konnte, war alles leichter.

Von Anfang an, als wir es wussten, dass sie Krebs hatte, machten wir grobe Witze über den Tod und das Sterben. Unsere Umgebung war manchmal schockiert über unser lautes Lachen, das wir zusammen hatten. Gelegentlich passierte es, dass uns ein Mensch begegnete, der uns Zuspruch geben wollte und von Hoffnung erzählte. Wir antworteten darauf: Wie bitte? Hoffnung? Was soll das! Sie stirbt! Wir waren beide sehr glücklich, dass wir so grobe Witze machen und über den Tod lachen konnten. Meine Mutter schaute von Anfang an dem Tod ins Auge, sie vermied nicht die Auseinandersetzung mit ihm. Das half ihr sehr.

Doch hatte sie ihre Grenzen, wie eben jeder, sie konnte an bestimmten Dingen nicht weitergehen. Ich durfte ihr nichts von Meditation erzählen. Doch ich akzeptierte das völlig, denn wer bin ich, sie irgendwohin zerren zu wollen, wo sie gar nicht hin will. Und wer bin ich, als ob ich wüsste, was gut für sie ist.

Sie war sehr dankbar für mein Akzeptieren ihres Soseins, vielleicht öffnete sie sich auch deshalb so sehr.

Denn sie spürte, dass ich sie ernst nahm, so wie sie war und das weckte ihr Vertrauen.

Als sie starb, waren mein Bruder und ich überglücklich. Eine große Freude und Glückseligkeit erfasste uns, wir tanzten durch die Räume. Etwas später senkte sich eine immense Stille über mich, ich sank tief nach innen. Es war wundervoll. Diese Ruhe und Stille habe ich bisher nur sehr selten erlebt. Noch heute bin ich froh und dankbar, dass ich beim Tode meiner Mutter anwesend sein durfte und dass sie es zuließ, dass ich sie in ihrem Sterben begleitete. Die ganze Reise war ein besonderes Erlebnis für mich, und wohl auch für sie.

Ein Haiku:

Jahrelang
Ein Vogel im Käfig
Heute
Fliegt er mit den Wolken.

die erfahrungen
des begleitenden freundes

Wenn wir einen Freund oder geliebten Freund in den Tod begleiten, bleiben wir nicht unberührt davon. Wir machen viele existenzielle Erfahrungen, die auch an unsere Grenzen gehen, nicht nur an die unseres Freundes.

die tiefe hilflosigkeit,
das sich ergeben

besonders während der letzten Phasen des Sterbens unseres Freundes wird uns Begleiter vielleicht eine tiefe Hilflosigkeit erfassen. Wir können nichts tun; alles was möglich war, haben wir getan. Vielleicht ist der Freund in ein Krankenhaus gekommen, in dem man anders mit dem Sterben umgeht als wir es gerne hätten, vielleicht ist die Umgebung nicht optimal, vielleicht leidet der Freund an Schmerzen, vielleicht wissen wir nicht, wie es ihm geht und was für ihn gut ist. Oft sind wir auf dieser Reise hilflos. Was können wir schon bewirken an Hilfestellung, wenn unser Freund geht? Vom Körper her gesehen wird alles bei ihm immer schlechter, die Schwäche kommt mehr und mehr. Vielleicht wird unser Freund auch bewusstlos...all das bringt uns manchmal in Gefühle des Zweifelns. Wir versuchen, ihm das Beste zukommen zu lassen, doch wer weiß schon, was er im Moment braucht? Und vielleicht glauben wir es zu wissen, doch die Umstände erlauben es uns nicht, es umzusetzen? Wir sind völlig hilflos und können nur am Bett stehen und zuschauen, was geschieht.

Aus dieser Hilflosigkeit entsteht ein Sich Ergeben. Die Existenz weiß es schon besser. Wir lernen, uns den Wegen der Existenz zu ergeben. Und das beruhigt uns und erfüllt uns mit Freude. Ein Vertrauen entsteht, dass alles gut so ist, wie es ist.

Im Altenpflegeheim ergebe ich mich oft der Existenz und sage: Sie weiß es besser. Die Pflegenden haben nie Zeit, das Zeitlimit ist auf ein Minimum begrenzt, das heißt, dass der Sterbende nur mit dem Nötigsten versorgt werden kann.

Trinken und Essen wird gereicht, er wird gewaschen, gelagert, mehr ist nicht möglich. Ich habe im Heim keine Zeit, mich um seine Entspannung mittels Musik, Lichtverhältnisse, und Ästhetik zu kümmern, kann nicht in Meditation mit dem Freund sitzen oder mit ihm lachen. Zusätzlich zum Zeitproblem wollen dies auch die Angehörigen nicht, so ist es mir wegen der Umstände nicht möglich, so zu handeln, wie ich es gerne wollte. Eine tiefe Verzweiflung und Hilflosigkeit erfasste mich anfangs darüber. Doch ich lernte mich zu entspannen. Was immer geschieht, ist in Ordnung. Die Existenz weiß es besser. Zwar handele ich, wenn sich Möglichkeiten bieten. Doch wenn sie nicht da sind, dann entspanne ich mich. Ich werde nicht versuchen, etwas von meinen Vorstellungen gegen den Willen der Umgebung durchzudrücken. Denn meine eigene Ruhe ist das Wichtigste. Nur wenn ich selbst ausgeglichen und fröhlich bin, kann ich auch ein guter Begleiter für meinen Freund sein, ich welchem Zustand auch immer er sich befindet.

Die Frau eines prominenten Geschäftsmannes stirbt und das Begräbnis ist ein lokales Ereignis. Alle ehrenwerten Menschen der Stadt kommen und fast alle kennen den Witwer. Nur ein Fremder nimmt daran teil und ihn scheint der Tod der Frau mehr mitzunehmen als jeden anderen. Bevor das Begräbnis zuende ist, bricht er völlig zusammen.
Der Witwer fragt: "Wer ist dieser weinende Fremde?"
"Ja wissen Sie das gar nicht?" flüstert der Nebenstehende. "Er war der Liebhaber Ihrer Frau."
Der Witwer geht zu dem weinenden Mann, klopft ihm mitfühlend auf die Schulter und sagt: "Nimm´s nicht

so tragisch, alter Junge. Ich werde wahrscheinlich wieder heiraten."

Wenn ich einen Freund im Sterben begleite, dann sollte ich selbst freudig und feiernd bleiben. Ich sollte auf jede Art von Perfektionismus verzichten. Was kommt, kommt, das Einfache ist das Richtige für mich. Je einfacher ich selbst bin, desto besser. Je komplizierter eine Situation wird, desto mehr verkrampfe ich mich, daher versuche ich, sie zu lassen. Diese Grundhaltung habe ich mir zu eigen gemacht, wenn es Probleme gibt. Ich entspanne, wenn ich nicht weiß, wie ich meinem Freund in dieser oder jener Situation helfen kann. In der Entspannung findet sich das Einfache. Je verkrampfter ich bin, desto schwieriger wird alles. Immer wieder kommen Momente, in denen ich mich unsicher fühle. Doch bevor ich meine freudige Haltung aufgebe, entspanne ich lieber, so weit es geht, und lasse die Zweifel an mir vorüberziehen.

Was auch immer geschieht, wir Begleiter wenden uns dem Tod willkommend zu. Am besten kennen wir die Zustände, durch die der Freund geht, schon durch unsere Meditation. Die schönen wie die leidvollen. Wir können ihm über unser Verstehen helfen, die stille und lachende Seite kennen zu lernen, auch das Getrenntsein vom Körper, den Gedanken und Gefühlen. Eine zuschauende, lachende Haltung von uns in jeder Situation ist die größte Hilfe, die wir geben können. Unser Vertrauen in die Existenz und deren mysteriösen Wege wirkt auf unseren Freund stark ein. In seiner schwierigen Situation lernt er auch durch uns, durch unser eigenes Entspannen, unsere Ergebung in die Existenz, selbst loszulassen und vertrauen zu bekommen.

Unsere Liebe für den Freund bringt eine Wärme mit

sich, die ihn loslassen lässt. Und unsere Meditation kann ihm als Sicherheit dienen, in seinen schweren Zeiten des Übergangs.

der witz über den tod
– der sprung in die wahrheit

Osho erzählte seinem an Krebs sterbenden Schüler diesen Witz und erreichte, dass der Schüler trotz Schwäche laut auflachte:

Jesus und Petrus ziehen umher. Viele leidende und kranke Menschen wollen zu Jesus, um sich heilen zu lassen. Petrus sucht die Leute aus, die zu ihm kommen dürfen.
Da nimmt Jesus Petrus beiseite, zeigt auf einen Mann und sagt: "Den nicht, der hat Krebs!"

Ein Witz über den Tod ist das Allerbeste, was einem Sterbenden geschehen kann. Es mag für uns rüde und grob wirken, doch so ein Witz hilft sehr. Die Konfrontation mit dem Tod ist schwierig, für jeden. Wir tragen unbewusst viele Widerstände gegen das Verlassen des Körpers in uns, es erscheint manchmal sogar natürlicher, am Leben festzuhalten. Doch bekommen wir so einen Witz geschenkt, dann können wir uns lachend unserem Tod stellen. Das Schwert der Wahrheit über den Tod schlägt tief, es kann sein, dass wir zusammenzucken, wenn es uns trifft. Doch mit einem Witz lachen wir nur über dieses Schwert. Es mag uns treffen wie es will, wir lachen darüber.

Der scheinbar grobe Witz ist dann nicht mehr grob, er ist ein Segen. Dank unserer Erziehung und unserer westlichen, christlichen Kultur nehmen wir den Tod bisher sehr ernst. Das ist eine Vermeidung der Wahrheit. Tod ist etwas Leichtes, Gelöstes. Das Leben hat seinen Sinn, wie auch das Sterben. Unsere Wahrnehmung hat sich größtenteils bisher am Leben orientiert und den Tod ausgeblendet als etwas, das zu vermeiden wäre. Die Wahrheit ist jedoch, dass das Leben und der Tod zwei Seiten einer Medaille sind. Wollen wir uns dem Leben zuwenden, so müssen wir uns auch dem Tod zuwenden. Es ist ganz leicht, das Leben zu schätzen, warum sollte es mit dem Tod nicht genauso sein? Nehmen wir das Leben leicht, dann können wir auch den Tod leicht nehmen. Und umgekehrt, beginnen wir, über den Tod zu lachen, helfen wir uns damit, in unser Leben eine Unbeschwertheit zu bringen.

Selbstverständlich achten wir als Begleiter darauf, dass wir nur dann einen Witz über den Tod erzählen, wenn unser Freund auch bereit dazu ist. Wir werden nicht versuchen, ihn zum Lachen zu bringen, wenn er gerade in Stille oder Andacht ist. Oder wenn er den Tod eigentlich vermeiden will, so dass er über den Witz nicht lachen könnte. Meine Mutter konnte zum Beispiel ihre Verneinung des Todes nicht loslassen, so dass ich ihr keine Witze über die Wahrheit schenken konnte. Aber wie ich schon öfters erwähnte, hatte dies auch seinen Sinn für sie, ich hätte ihre diesbezügliche Grenze sicherlich nicht überschritten.

Witze, die einen zum Lachen bringen, sprechen oft ein Tabu an. Wir tragen in uns eine verschlossene Tür, ohne es zu wissen, und ein Witz lässt diese Blockade plötzlich aufschwingen und wir müssen lachen. Hätten wir keine Verneinung in uns, müssten wir auch nicht lachen. Ein

Witz geht unerwartete Wege, er macht eine Kehrtwendung, nachdem er vorgegeben hat, in eine bestimmte Richtung zu gehen. Witze über den Tod treffen mit ihrer Pointe genau ins Herz und helfen uns, dieses beladene Thema voll an uns heranzulassen. Und unser Lachen befreit uns dann noch von den letzten Blockaden, so dass ein Witz zur rechten Zeit unsere Enge und Ängste aufhebt.

Ein Mann versucht in einem Supermarkt einen halben Kopfsalat zu kaufen. Der sehr junge Lehrling weist ihn darauf hin, dass Salate nur im Ganzen verkauft werden können. Der Mann besteht auf seinem Kaufwunsch und verlangt nach dem Geschäftsführer.

Der Junge geht um nachzufragen. Während er das Hinterzimmer betritt, sagt er zu dem Geschäftsführer: "Da will so ein Depp einen halben Kopfsalat kaufen." Kaum hat er seinen Satz zu Ende gebracht, sieht er den Mann direkt hinter ihm stehen, und fügt hinzu: "und dieser Herr hat sich freundlicherweise angeboten, die andere Hälfte zu kaufen."

Der Geschäftsführer verkauft den halben Salat und der Mann geht seiner Wege.

Später sagt der Geschäftsführer zu dem Lehrling: "Es hat mich beeindruckt, wie du aus dieser Situation wieder herausgekommen bist. Wir mögen Leute, die schlagfertig sind. Woher kommst du, mein Sohn?"

"Kanada," antwortet der Junge. "Hm, warum hast du Kanada verlassen?" fragt der Geschäftsführer.

Der Junge daraufhin: "Ach, da gibt es nur Huren und

Eishockeyspieler." "Wirklich?" sagt der Geschäfts-
führer. "Meine Frau kommt aus Kanada."
"Is ja cool," antwortet der Junge. "Für welche
Mannschaft hat sie gespielt?"

liebe und stille,
ekstase und dankbarkeit

hat unser Freund das letzte Mal geatmet, breitet sich in
vielen Fällen eine Ekstase aus. Ich weiß nicht, womit
sie zusammenhängt. Ich kann nur mutmaßen, dass sie
entsteht, weil unser Freund sich endlich von seinem Körper
völlig lösen und unbeschwert in die Mysterien fliegen
kann. Es mag Menschen geben, die ihm darin folgen
können – ich habe von tibetischen Mönchen gehört, die
sich speziell darauf trainiert haben, nach dem Ableben weiter mit den Freunden zu gehen. Doch ich habe für mich
gelernt, dass dies mich zu sehr verspannt und daher gehe
ich nicht mit einem Verstorbenen mit. Ich bleibe hier in
meiner Welt und schaue zu, was hier geschieht.

Es ist ein besonderer Moment, wenn ein Freund gestorben ist. Immer wieder bin ich berührt von der Dichte, die
zu spüren ist. Es ist, als ob sich Stille und Ekstase zu einem
Phänomen vermischen.

Am liebsten würde ich mich genau in dieser Zeit etwas
entfernt von dem Toten hinsetzen und still sein und den
Moment genießen. Nicht direkt zu ihm, denn ich weiß,
direkt beim Verstorbenen entlädt sich auch Negativität;
daher würde ich mich nicht zu ihm setzen, sondern weiter
weg von ihm, in einen anderen Raum vielleicht oder etwas

entfernt, in die Natur. Es kommt auf den Freund an, wie sehr er Negativität in sich ansammelte, doch die Tiefe des Moments ist trotzdem bei jedem da. Er ist fort und hinterlässt dieses klingende Phänomen von Stille und Ekstase.

Bei einem meditierenden Freund ist dies noch stärker zu spüren. Dann kann man sich sogar an sein Bett setzen und den Moment genießen. Ich habe von Berichten gehört, dass sich bei einem Tod der Raum mit Liebe, Stille, Frieden, Dankbarkeit erfüllte, dass jeder zutiefst berührt von der intensiven Atmosphäre war, die der Verstorbene entließ. Und sie soll auch sehr individuell sein, je nachdem, ob der Freund seinem Wesen nach eher in der Liebe oder der Glückseligkeit, dem Frieden oder der Meditation zentriert war. Es muss ein Geschenk sein, bei so einem Tod anwesend sein zu dürfen.

Ein Haiku:

Im schneeweißen Nebel
Wo sich Meer und Himmel vereinen
Eine große rote Scheibe –
die aufgehende Sonne.

vorsichtsmaßnahmen gegen die negativen entladungen des toten

Schon im Sterbeprozess entlädt sich bei unserem Freund Negativität. Doch im Moment des Todes ist das ganz extrem. Seine angesammelte Destruktivität, ob unterdrückt oder nicht, wird losgelassen. Osho sagt, dass das Denken und die Gefühle freigesetzt werden, die dem Freund bisher angehaftet waren. Diese Gedanken und Gefühle suchen einen Geist, der sie aufnimmt. Daher empfiehlt es sich, nur dann in der Nähe von Sterbenden und Toten empfänglich zu sein, wenn wir firm im Zuschauen von Gedanken und Gefühlen sind. Am besten behalten wir unsere distanzierte Haltung. Wenn wir es nicht vermeiden können, bei einem Toten zu sein, dann gibt es Tricks, die Empfänglichkeit für dessen Negativität auf ein Minimum herabzusetzen. Ich bewege mich dann bewusst sehr viel, tue, handele, und kümmere mich um die Notwendigkeiten. Ich sende aus, drücke mich aus, statt dass ich empfangend bin. Doch ich würde mich, selbst wenn ich Zeit hätte, nicht zu einem Toten setzen.

Also auch keine Totenwache halten, denn sie hat die Auswirkung, dass man die Denkmuster des Toten, besonders die negativen, aufsaugt. Es entstehen dann Phänomene, wie dass die Tochter plötzlich beginnt, die Art und Weise ihrer Mutter zu übernehmen. Oder man fühlt sich besetzt von dem Toten. Seine ehemalige Art und Weise drückt uns in ein Verhalten, das nicht unserem eigenen entspricht.

Beispiele:
Wann immer ich auf meine Station im Heim komme und unter den Kollegen eine bestimmte Art von Nervosität und auch Negativität gegeneinander vorfinde, weiß ich, dass jemand gestorben ist. Es herrscht sonst unter uns eine freundliche und auch verständnisvolle Art, doch wenn jemand gestorben ist, ergibt es sich, dass die Kollegen gereizt und subtil gegeneinander aufgebracht sind. Sie sind sich nicht bewusst darüber, doch ich habe das schon öfters beobachtet. Es ist wie eine Dunkelheit, die sich über uns

legt. Und diejenigen, die nicht gewohnt sind, diese bewusst wahrzunehmen und zu betrachten, fallen in die negativen Muster.

Die Sekretärin Hitlers erzählte dazu Passendes: Sie befand sich im Nebenzimmer, als sich Herr und Frau Hitler erschossen. Sie beschrieb anschaulich, wie sie plötzlich von Hass und Negativität überwältigt wurde. Eine Woge von Hass erfüllte sie. Diese war so stark, dass sie selbst mit Erstaunen davon berichtete.

wahrnehmungen beim toten

es gibt viele Schichten, die uns umgeben. Nur den grobstofflichen Körper können wir klar wahrnehmen, die anderen sehen hellsichtige Menschen. Zum Beispiel sehen sie die Aura, was einem bestimmten Körper entspricht. Ich möchte hier nicht weiter auf die Unterschiede und die einzelnen Körper eingehen. Auch nicht darauf, welche Schichten mit dem Freund gehen und welche zurückbleiben. Doch ein Phänomen möchte ich darstellen: Wenn ein Toter da liegt, dann kann man eine subtile, lebendige Schicht um ihn herum wahrnehmen. Es ist, als ob er noch leise atmen würde, als wäre noch etwas Lebendiges um den toten Körper herum. Die Leiche wirkt wie eine Puppe aus Gummi, doch darum herum ist Leben.

Im Heim erlebte ich es einmal, wie ein Arzt einen Toten untersuchte, um den Totenschein ausfüllen zu können. Er behandelte den toten Körper grob und aggressiv, äußerst unsensibel und für mich abscheulich. So würde ich kein Stück Holz anfassen, wie er diesen Toten angrapschte.

Das entrüstete mich sehr, denn auch wenn der Freund weg ist, die Energie ist es noch nicht, oder besser gesagt, eine oder mehrere Schichten sind noch lebendig. Sie werden sich mit der Zeit von selbst auflösen. Ein vorsichtiger und aufmerksamer Umgang mit dem toten Körper ist also angebracht.

Daher kommt vielleicht auch das Phänomen, dass sich manche Freunde nicht von ihrem toten Körper trennen können, dass sie sich auch nach ihrem Tod noch um ihn herumtreiben. Sie waren so tief mit ihm verbunden, sie dachten so sehr, dass sie er sind, dass sie ihn nicht loslassen wollen. Es ist noch eine lebendige Schicht um diesen Körper, auch wenn der grobstoffliche, deutlich sichtbare Teil schon aufgehört hat, zu leben. Eine baldige Verbrennung erleichtert es dem Freund, sich nicht mehr mit diesem Körper zu identifizieren, zu verbinden. Denn es kann sein, dass er, weil er noch diese lebendige Schicht spürt, glaubt, dass es möglich sei, wieder in diesen toten Körper zurückzukehren. Es wird berichtet, dass dies so wäre. Nach einer Verbrennung ist dies dann nicht mehr möglich, so dass der Freund weiter auf seinem Weg gehen muss. Es ist alles, was man ihm nur wünschen kann.

Der tote Körper eines meditierenden Menschen hat nicht nur diese lebende Schicht um sich, er selbst scheint noch zu vibrieren. Er ist durchtränkt von Bewusstheit und wirkt daher noch lebendig. Der Freund hat ihn verlassen, doch der Körper selbst scheint zu leben. Wenn ich eines Tages die Gelegenheit haben werde, bei einem meditativen Freund im Tode sitzen zu dürfen, dann werde ich noch länger bleiben und meine Aufmerksamkeit auch auf die Geschehnisse um den Körper richten. Interessante Welten öffnen sich, Mysterien und Liebe breitet sich aus.

liebe, die ewige, goldene brücke

Unser Freund ist weg, er ist auf seiner Reise weitergeflogen. Doch unsere Liebe für ihn bleibt. Es ist, als ob er nur in einem anderen Land leben würde. Gäbe es da einen Grund für Verzweiflung? Ok, es gibt kein Telefon und keine E-Mails, die uns mit ihm verbinden, doch der Freund ist da. Er existiert in diesem Universum. Unsere Liebe findet ihn immer, wo er auch ist. Selbst wenn wir nicht direkt spüren, dass sie zu ihm gelangt, so können wir doch sicher sein, dass sie ihn trifft. Es ist als ob er mal kurz woanders hin gegangen wäre...würden wir uns darum sorgen? Oder gäbe es einen Grund zu weinen? Er ging ins Nebenzimmer und wir sind verzweifelt? Nein, wir haben wie einen Anwählstelle für ihn in uns: Unsere Liebe für ihn. Sie bleibt bestehen, wo immer er auch ist, in welcher Form er sich gerade befindet. Sein Wesen verschwindet nicht. Wir haben zwar keinen direkten Kontakt mehr zu ihm, doch das heißt nicht, dass er nicht mehr existiert.

Manche Menschen, die sehr empfindsam sind, können ihren geliebten Freund sogar nach dem Tod noch spüren. Doch ich meine, das ist nicht so wichtig. Er ist auf seinem Weg, er wird die richtige Form und die richtige Umgebung gefunden haben, was brauchen wir eine direkte Verbindung zu ihm? Unsere Liebe ist es, die eine Brücke zwischen ihm und uns ist, sie ist besser als jedes Wissen. Sie bleibt bestehen, in welchen Formen wir auch leben.

Ich bin nicht traurig, dass meine Mutter ihren Körper verlassen hat. Noch heute schicke ich ihr gelegentlich meine Liebe und meine Freude, und auch meine Dankbarkeit. Ich weiß, es wird bei ihr ankommen. Vielleicht wird sie nicht bewusst wissen, von wem, doch sie wird sich darüber freuen, dass etwas Bekanntes sie grüßt und sie wärmt. Wir alle haben diese schönen Momente, wo wir uns entspannen, eine liebevolle Energie erhebt uns. Vielleicht schickt uns gerade ein Geliebter liebe Grüße, vielleicht erreicht uns eine freudige Nachricht von einem Wesen, dessen Freund wir einmal waren.

Das Gleiche gilt für meinen Meister und Freund Osho. Er hat bereits 1990 seinen Körper verlassen. Doch er ist präsent. Ich habe eine Brücke zu ihm: Meine Liebe, meine Ergebenheit, meine Schülerschaft, meine Freundschaft. In welcher Form oder Nicht-Form er auch ist, das weiß ich nicht und ist auch nicht wichtig für mich. Wohin kann er gehen? Er ist hier in dieser Existenz, also ist er da. Also habe ich eine Verbindung mit ihm. Mit einem Erleuchteten ist das Ganze ein wenig komplizierter oder einfacher, ganz wie man will, doch das Prinzip ist das Gleiche.

Die Liebe überwindet Raum und Zeit. Es gibt diese Eingrenzungen nicht für sie. Und wir können dies ganz einfach lernen in unserer Welt, in unserem Raum und mit unserer Zeit. Wir brauchen nur unser Herz auf einen geliebten Freund zu zentrieren, der gerade nicht da ist, und wir spüren es genau: Es ändert sich im Grunde gar nichts, ob er da ist oder nicht. Vielleicht ist die Energie des anderen ein wenig stärker in seiner körperlichen Gegenwart zu spüren, doch die Präsenz des Freundes ist die gleiche, ob er mit uns ist oder nicht. Die Brücke ist die Liebe und der Moment. Wenn wir unsere Aufmerksamkeit auf den gegenwärtigen Moment richten, dann sind wir über das Hier und Jetzt mit dem Freund verbunden.

Haben Sie sich einmal überlegt, wie viele Menschen es auf der Welt gibt und was alles mit ihnen in jedem Moment geschieht? Der eine isst, der andere schläft, der dritte fährt Auto...alles passiert gleichzeitig. Wir sind keine Babys mehr, die schreien, wenn sie die Mutter nicht mehr sehen. Wir wissen, auch wenn wir jemanden nicht mehr sehen, so ist er doch da. So ist das mit dem Tod auch. Der geliebte Freund ist da. Nur weil wir ihn nicht sehen können, weil er diese Form verlassen hat, so ist er doch da.

Osho sagt sinngemäß vor seinem Verlassen des Körpers: Redet niemals in der Vergangenheit von mir. Ich bin immer da.

So benutze ich zwar bei faktischen Dingen, in Be-zug auf seine Taten, notgedrungen die Vergangenheit – er tat nun mal und sagte nun mal damals, aber trotzdem ist das, was er sagt, zeitlos. Wann immer ich mich auf ihn beziehe, spreche ich von ihm in der Gegenwart. Denn er ist für mich in der Gegenwart. Hier.

Manuela Sternenlicht, die hübsche Brünette, geht zu einer Sitzung mit der Handleserin Madame Allsicht.

"Sie sind verliebt," beginnt Madame Allsicht und schaut in die Hand von Manuela.

"Wirklich?" ruft Manuela aus. "Sie können das sehen?"

"Klar!" antwortet Madame Allsicht.

"Weiter! Weiter!" drängt Manuela aufgeregt.

"Er ist groß, schwarzhaarig und sehr freundlich," liest Madame Allsicht aus der Hand.

"Wieder richtig!" ruft Manuela. "Das ist erstaunlich!"

"Kein Problem," antwortet Madame Allsicht. "Und er ist zweiundzwanzig Jahre alt, 1,90 groß, und hat sich ein Portrait seiner Mutter auf sein bestes Stück tätowieren lassen."

*"Mein Gott! Das ist wirklich unglaublich!" ruft
Manuela aus.*

*"Und er hat ein Schweizer Bankkonto und fährt
einen roten Ferrari," fährt Madame Allsicht fort.*

*"Sie können wirklich all das in meiner Hand
sehen?" wundert sich Manuela.*

*"Nein, nein," antwortet Madame Allsicht, "ich kann
all das an Ihrem diamantenen Verlobungsring sehen.
Es ist der selbe, den ich ihm letzten Monat zurück-
gegeben habe!"*

die todesfeier danach

nachdem der Tod eingetreten ist, gibt es für den Begleiter
noch Einiges zu tun. Er will sich um den toten Körper
kümmern.

die versorgung des toten körpers

der Körper wird vorsichtig, aufmerksam und liebevoll
behandelt. Der Freund ist zwar gegangen, doch es gibt
noch die lebendigen Schichten um ihn, die wir nicht grob
behandeln sollten. Der Arzt muss verständigt werden, damit
der Totenschein ausgestellt wird, ebenso bestellt man ein
Begräbnisinstitut, das auf die speziellen Wünsche eingeht.

Auf die Augenlider legt man, bis das Begräbnisunter-
nehmen kommt, feuchte Tupfer aus Tempotaschentüchern

oder Watte, damit sie geschlossen bleiben. In den Nacken legt man eine Handtuchrolle, ebenso unter das Kinn, so dass es nicht herunterfällt und das Gesicht seine Form behält. Wenn man möchte, kann man auch das Gebiss einsetzen. Eine Waschung ist nur im Intimbereich notwendig oder wenn sonstiger Ausfluss geschah. Da der Tote noch ausscheidet, zieht man ihm eine Klebehose (Windelhose) an. Der Schmuck wird abgezogen.

Wie man möchte, kleidet man den Toten in sein schönstes Gewand. Eine andere Alternative ist, ihn in ein weißes Leintuch oder ein buntes Tuch zu hüllen. Die Hände werden aufeinander gelegt. Dann schmückt man den Körper mit Blumen und Blütenblättern, besonders schön sind Rosenblätter. Er soll eine Ästhetik und auch den Ausdruck von Freude vermitteln. Ist dies in diesem Moment nicht möglich, dann wartet man bis zur Feier, in der die engsten Freunde den Sarg mit Rosen – und anderen Blüten bedecken.

Man kann entscheiden, ob der Sarg bei der Verbrennungsfeier offen oder verschlossen bleibt. Vielleicht ist es sogar möglich, keinen Sarg zu bestellen, sondern nur eine Bahre; das wäre sehr schön, denn so wäre der ganze Körper zu sehen. Falls ein Sarg notwendig ist, dann könnte er mit einem schönen, farbigen Tuch und mit Blumengirlanden bedeckt werden, alles zusammen sollte freudig und erhebend wirken.

In dem Raum, in dem die Feier stattfindet, könnte man für die engsten geliebten Freunde und Verwandten Sitzmöglichkeiten um den Toten herum bieten. Vielleicht haben die engsten Freunde den Wunsch, ihm noch etwas zu geben und können dann auch um den Toten herum zusammen tanzen und ihn mit Rosenblüten oder Blüten bedecken. Der ganze Raum ist erhebend mit Tüchern und Blumen geschmückt, ganz wie man es will. Eine ekstatische, wilde Musik spielt, und die Teilnehmer tanzen und singen aus vollstem Herzen. An dieser Stelle gibt es keine stille Musik. Wir wollen den Toten feiern und unsere Freude ausdrücken, dass er nun in den Weiten des Mysteriums fliegt, wir wollen ihm einen schönen Abschied bereiten, mit Singen und Tanzen.Das wilde und fröhliche Tanzen hält auch während der Verbrennung an, erst danach, zum Ausklang, wird kurz Sanftes gespielt. Die ganze Zeremonie ist ekstatisch und fröhlich, sowohl im Schmuck, wie im Ausdruck. Dabei sind keine großen Ausgaben nötig, keine Kränze oder Blumengestecke. Will man dem Toten etwas mitgeben, dann kann man ihn mit Blütenblättern bedecken und ihm einen „Mach's-Gut-Lieber-Freund-Tanz" schenken.

In Indien wird nach einer Verbrennung geraten, sich zu duschen, die Haare zu waschen, die Kleider zu wechseln und sie zu waschen. Das wird dort so gehandhabt, da die Verbrennungen offen im Freien sind und Asche und anderes sich an den Feiernden festsetzen kann. Ich halte jedoch diese Sitte für eine schöne, so dass ich sie trotzdem weiterführen wollte.

Ein Festessen kann danach stattfinden, muss es aber für mein Gefühl nicht. Es gibt keinen Grund, sich nach der Feier noch einmal zu treffen. Der Tote ist verabschiedet.

verbrennen oder begraben?

Für mich ist ganz klar eine Verbrennung die beste Möglichkeit, den toten Körper zu entsorgen. Ein Grund dafür ist, dass sich der Verstorbene vielleicht noch an dem toten Körper aus Gewohnheit anhaften will. Es gibt einige Berichte, dass Freunde, die ihren Körper verlassen hatten, noch dachten, sie wären noch lebendig und sich deshalb um den Körper herum aufhielten, anstatt auf ihre Reise in die Mysterien weiter zu gehen. Dies soll auch der Grund für Spukphänomene sein – Verstorbene wissen nicht, dass sie bereits gestorben sind und versuchen, sich bemerkbar zu machen. Auch aus vielen anderen Gründen empfiehlt sich eine schnelle Verbrennung. Die Reise des Freundes wird so nicht aufgehalten und die Angehörigen werden nicht von ihm belästigt, falls er zu sehr an ihnen festhalten wollte. Manche Verstorbene brauchen eine Hilfe, dieses Leben loszulassen, insbesondere dann, wenn sie dies im Leben versäumten. Eine baldige Verbrennung gibt diese Hilfe. So würde ich also eine schnelle Verbrennung immer einer Beerdigung vorziehen.

die feier des todes

hat der Freund seinen Körper verlassen, fängt die Feier an. Wir freuen uns mit ihm und verabschieden ihn aus vollstem Herzen. Manchmal mögen vielleicht auch ein paar Tränen dabei sein, doch die gehen vorbei. Wissen wir doch, dass er seine Reise fortsetzt und es ihm sicherlich gut dabei gehen wird. Singen und Tanzen, wilde, ekstatische Musik – so verabschiedet man am besten einen Freund. Hauptsächlich wird mit vielen Trommeln getanzt. Schüler von Osho singen ein besonderes Lied zu solcher Gelegenheit:

Das Universum singt heute ein Lied
Das Universum tanzt heute einen Tanz
Das Universum singt an einem Tag wie diesem

Und es ist genau die richtige Zeit, um zu tanzen...
Und es ist genau die richtige Zeit, um zu tanzen...
So wach auf und tanz!

Das Universum singt heute ein Lied
Das Universum tanzt heute einen Tanz
Das Universum singt an einem Tag wie diesem

Meines Erachtens ist es überhaupt nicht notwendig, Worte über den Freund zu sprechen oder Sonstiges, wie zum Beispiel ihm gute Wünsche mitzugeben. Am besten drückt man alles, was man in sich trägt, in einem totalen und wildem Tanz aus. Das wird von der Existenz am besten verstanden. Und so ein Tanz hilft auch uns Begleitern, denn wir können in dieser Weise unsere Freude dem Freund mit auf seinen Weg geben. Diejenigen, die nicht tanzen können und wollen, können trotzdem still im Sitzen innerlich mitgehen.

Die Feier ist eine schöne, fröhliche, ekstatische. Nach der Verbrennung des Körpers ist es harmonisch, wenn sich eine stille und ruhige Stimmung ausbreitet, sanfte Musik, die dann langsam ausklingt und eine Tiefe zurücklässt.

Im Osho International Meditation Resort in Pune, Indien, werden abwechselnd mit ekstatischer Musik noch Witze und Zitate von Osho über den Tod gespielt. Es gibt also bereits diese Art der Todesfeier, sie geschieht des öfteren im Meditations Resort, wann immer dort jemand seinen Körper verlässt. Auch ich habe bereits eine miterlebt und ich kann sagen, dass sie einen entscheidenden Eindruck auf mich hinterlassen hat. Das intensive Tanzen und Singen öffnete in mir etwas sehr Wichtiges und ich hatte kurze Einblicke in das Mysterium des Todes. So eine Feier ist nicht nur die beste Gelegenheit, dem Toten auf Wiedersehen zu sagen, sie ist auch ein Geschenk des Toten an die Zurückgebliebenen, denn sie dürfen in dieser Weise an seinem Tod teilhaben.

der platz der erinnerung

brauchen wir einen Platz der Erinnerung? Wie gesagt, unser Freund ist nicht weg, also brauchen wir auch den Kult um den Toten nicht. Die Verbindung zu ihm ist in unserem Herzen. Manche Menschen aber brauchen für sich einen Platz, zu dem sie gerne hingehen möchten, den sie schön gestalten ...ich würde in diesem Falle einen stillen Platz vorschlagen. In der Stille sind wir eins mit allem. Ich warne jedoch davor, sich auf den verstorbenen Freund einzustellen und ihn wieder in dieses Leben ziehen zu wollen, das ist nicht angemessen für seine Reise und für uns auch nicht, die wir nun ohne ihn leben. Viel besser ist es, ihm gute Wünsche für sein weiteres Leben zu schicken, sich mit ihm zu freuen, wohin es ihn auch gezogen hat. Er ist auf seinem Weg.

Meiner Meinung nach ist es völlig unnötig, dass ein Mensch ein Grab bekommt. Wozu? Warum nicht seine Asche als Dünger für einen Baum benutzen? Das wäre doch schön, einen jungen Baum zu pflanzen und die Asche zu seiner Nahrung auszustreuen. Oder ein Beet düngen? Leider ist das in Deutschland nicht erlaubt, aber wenn der

Wunsch danach in der Bevölkerung laut werden würde, gäbe es sicherlich auch Möglichkeiten dafür.

In der Schweiz kann man sich aus der Asche eines Verstorbenen einen Diamanten pressen lassen. Die Farbe, die entsteht, hängt von der Zusammensetzung der Asche ab.

Für mich macht die Aufbewahrung des Toten keinen Sinn, wie gesagt, er ist für mich da, nicht weg. Es gibt allerdings eine Ausnahme: Wenn der tote Freund ein erleuchteter Mensch war, ein sehr bewusster Mensch. Dann macht es für mich Sinn, seine Asche aufzuheben und in einem schönen Marmorstein aufzubewahren. Denn seine Bewusstheit schwingt auch noch in der Asche mit und das bedeutet, dass die Welt durch diese besonderen Schwingungen der Bewusstheit weiterhin beglückt werden kann.

Als Osho zusammen mit seinen Schülern die Wüste in Oregon begrünte, entstand dort auch ein besonderer Hain. Um eine Rasenfläche, die sich etwas nach unten wölbte, standen lauter verschiedene Bäume. Sie schützten und überdachten diesen freien Rasen auf jeder Seite. In diesem Hain waren am Rand mehrere weiße Pyramiden verteilt, in denen sich Urnen befanden. Ich kannte die in Gold eingravierten Namen nicht. Sie waren wohl auch Schüler von Osho gewesen.

Eine unbeschreibliche, tiefe Stille breitete sich in diesem Hain aus. Ich fühlte mich an einem Platz, der wie das Zentrum der Welt war. Wie im Auge eines Hurrikans. Die stehende Stille schien jede Bewegung zu neutralisieren, sie war dicht und intensiv. Jeder, der diesen Hain betrat, wurde sofort still und seine Bewegungen verlangsamten sich. Es war der wundervollste Platz, den man sich nur vorstellen kann. So oft ich konnte, bin ich dorthin gegangen und habe mich erfüllen lassen. Voller Dankbarkeit erinnere ich mich an ihn.

Bevor Osho seinen Körper verließ, veranlasste er, einen Raum zu erbauen, der aus weißem Marmor, Spiegeln und Glas besteht. Ein höchst ästhetischer Raum ist entstanden. Die Glaswände führen zu einem großen Wasserfall mit vielen Pflanzen. Osho verbrachte nur wenige Tage in diesem Zimmer. Es wurde der Tempel für seine Asche. Da wo sein Bett stand, ist heute die Urne in Marmor eingelassen, umgeben von einer Spiegelplatte. Der ganze Raum an sich ist bereits eine Erhebung, doch sich darin zu befinden und zu meditieren, ist wiederum unbeschreiblich. Für mich war die tiefe Leere das Deutlichste, das ich spürte. Doch wird wohl jeder Mensch andere Eindrücke haben in so einem Raum. Noch heute kann man dort in Stille sitzen. Das Haus befindet sich im Osho International Meditation Resort in Pune, Indien.

Ein Haiku:

Überall Stille
Und das Zirpen der Grille
Geht durch Stein und Bein.

Die Bedeutung
von Lachen
und Meditation

Die Bedeutung von Lachen und Meditation

zorba, der buddha, oder die verborgene harmonie

Lachen und Meditation gehören zusammen. Offensichtlich scheinen sie Gegensätze zu sein, doch sie ergänzen sich eher, als dass sie gegeneinander wirken. Das laute Lachen und die Stille der Meditation bilden wie ein Gleichgewicht, in dem das eine das andere ausbalanciert. In dieser Weise entsteht nie ein Stillstand, es geht immer weiter, es ist ein Prozess, ein dauernder Neuanfang. Wann immer die Stille zu einem bestimmten Punkt kommt, braucht sie das Lachen, um wieder auf die Erde zu kommen. Sie fliegt in den Mysterien und hat keinen Boden mehr. Das Lachen bringt sie zu ihren Wurzeln zurück und so können sich neue Welten für sie öffnen.

Und das Lachen hat vielleicht die Tendenz, übermäßig und zu grob zu werden, wenn es keine Stille in ihm gibt. Die Meditation ist die einfühlsame Energie, die ein Lachen immer am richtigen Platz erscheinen lässt. Ein meditierender

Mensch wird wissen, wann und wo er lacht und wo nicht, wann sein Lachen das Leben unterstützt und wann es destruktiv wirkt. Nur in unserem westlichen Verständnis gibt es einen scheinbaren Widerspruch zwischen diesen beiden Energien. Wir sind gewohnt, in entweder – oder zu denken. Es gibt für uns nur einen Ausdruck, entweder das Lachen oder die Meditation. Wir haben keine Erfahrung davon, wie beides zusammen gehen kann. Wenn wir lachen, dann können wir uns nicht vorstellen, dass wir gleichzeitig still sind, und wenn wir meditieren, dann wissen wir nicht, dass wir zugleich innerlich lachen können. Wir neigen dazu, zu trennen. Eigentlich sollte ein meditierender Mensch immer auch fröhlich und lustig sein und ein fröhlicher, lustiger Mensch sollte immer auch zugleich meditieren.

Osho fasst dieses Gleichgewicht mit dem Bild des "Zorba, der Buddha" zusammen. Er bezieht sich dabei auf die Verbindung zwischen der Lebenslust des Alexis Sorbas und der Meditation eines Buddhas. Die Zeiten, in denen sich ein meditierender Mensch in eine Höhle zurückgezogen hat, sind vorbei. Heutzutage geht er direkt auf den Marktplatz und feiert dort sein Leben. Er bringt seine Meditation überallhin mit und lebt inmitten der anderen Zorbas. Es ist wie die Verbindung vom Westen und dem Osten. Oder die Erde trifft den Himmel. Oder Zorba, der Grieche, trifft den Buddha. Oder der Hedonist trifft den Asketen und sie werden zu einem einzigen Phänomen.

Wenn man, wie ich, von der Seite des Buddha her kommt – Meditation entspricht meiner Natur mehr als das Lachen – dann ist der Zorba zuerst sehr schwierig zu verstehen. Er ist für sich alleine gesehen, viel zu grob und oberflächlich, sein Lachen stört, er versteht alles falsch und reagiert nur spontan, statt bewusst zu agieren. Aber ich habe gelernt, ihn genauso anzunehmen, wie den Buddha auch. Mir ist es geschehen, dass ich in die Welt des Zorba gebracht wurde. Ich musste eine Synthese zwischen meiner Meditation und der Welt finden, das eine musste mit dem anderen verschmelzen. Ich wurde zu einem Zorba, der Buddha, wie Osho es ausdrückt. Und was ist das Zeichen für Zorba? Das laute Lachen! Lauthals und scheppernd! Man muss das erst einmal lernen zu verstehen, dass das Lachen nicht die Meditation stört, sondern sie sogar erhebt. Dass die freudige, genussvolle Welt nicht gegen die natürliche Disziplin der Meditation ist, sondern sie zutiefst bereichert.

Es entspricht dem Prinzip der "verborgenen Harmonie" von Heraklit. Landläufig könnte man sagen: etwas stört immer, was soll´s. Die Tonarten der einzelnen Komponenten sind so verschieden, die Schwingungen sind so anders, die Herangehensweise jedes Elements ist so unterschiedlich, und trotzdem wirken sie auf einer inneren Ebene in einer harmonischen Weise zusammen. Das ist die verborgene Harmonie. Eine gewöhnliche, kleine Harmonie bedeutet, dass etwas systemgerecht funktioniert: Stille kommt zu Stille, lautes Lachen trifft auf lautes Lachen. Doch die große, verborgene Harmonie hat eine so umfassende Akzeptanz in sich, dass sie auch scheinbare Störungen zu einem großen Ganzen integrieren kann. Dann spielt alles zusammen.

Opa Schwabbelhirn ist taub geworden. Er sitzt auf der Couch und sieht in voller Lautstärke fern. Überraschend kommen seine Tochter und ihre Kinder zu Besuch, sie waren auf Hawai in den Ferien.
"Hallo, Opa," ruft Enkelchen Bastian und hüpft dem

alten Mann auf den Schoß. "Wir sind aus unseren Ferien zurück!"

"Was?" ruft Opa und hält seine Hand ans Ohr.

"Wir sind zurück!" ruft Bastian. "Wir haben diesen berühmten Vulkan gesehen!"

"Was?" ruft Opa.

"VULKAN!" ruft Bastian. "Du weißt, einer dieser Dinger, die husten und Feuer spucken!"

"Ah ja," sagt Opa und nickt mit dem Kopf. "Ich bin mit einem verheiratet!"

was ist lachen?

Lachen kann jeder. Ich selbst bin das beste Beispiel dafür. Zwar konnte ich früher lange Zeit nicht lachen, aber das lag sicherlich auch daran, dass mir immer gesagt wurde, ich sollte doch endlich mal lachen. Aber ich konnte nicht und das lag an meinen Blockaden und Ängsten, die ich hatte, siehe Todesangst am Anfang des Buches. Heute ist alles anders. Ich genieße es, laut und viel zu lachen. Besonders Witze, die schockieren, liebe ich sehr. Leider muss ich zugeben, dass ich ein lausiger Witzerzähler bin. Am liebsten lache ich mit geliebten Freunden, denn wir haben den selben Humor. Das ist wohl auch hilfreich beim Lachen: Freunde, die das Gleiche lustig finden.

Inzwischen habe ich auch etwas mehr analysiert, was mich früher vom Lachen abgehalten hat. Ich zwang mich zur Fröhlichkeit. Und das ist klar, es ist immer das Tor zum Abgrund, wenn man gegen sich geht. Es gibt viele Vorstellungen, wie ein fröhlicher Mensch ausschauen soll, und die meisten erfüllte ich absolut nicht. Doch wie auch in anderen Bereichen, lernte ich auch hier zu mir zu stehen und meine ureigene Lustigkeit zu lieben. Ob sie nun in die Vorstellungen passt oder nicht. Seitdem kann ich viel mehr lachen und plötzlich sehe ich, dass es völlig natürlich ist. Es geschieht von selbst. Und wenn es nicht geschieht, dann macht es auch nichts. Meine Grundhaltung ist eine fröhliche, ob nun der Moment dazu da ist, meinen Humor auszudrücken oder nicht.

Außerdem hatte ich das Glück, Freunde gefunden zu haben, die meinen Humor mit der Zeit schätzten; sie spiegelten ihn mir wider und halfen so dabei, ihn weiter zu enwickeln. Hat man dieses Glück nicht, dann muss man sich eben damit zufrieden geben, dass man alleine lachen lernt, nur mit sich, das geht auch, wenngleich es etwas schwieriger ist. Doch meine Erfahrung ist: Je mehr man sich selbst so lebt und liebt, wie man eben ist, und auch fähig wird, sich gegen Übergriffe zu verteidigen, also zu sich steht in immer mehr Situationen, desto lustiger wird das Leben. In gewisser Weise befreit man sich aus seinen eigenen Missverständnissen – und da kommt wieder die Meditation ins Spiel. Sie hilft sehr, dass wir mehr und mehr unsere spontane Ursprünglichkeit zulassen lernen. Und diese Natürlichkeit lacht! Wir werden wieder zu Kindern und die haben Spaß. Je mehr wir aus unseren spontanen Impulse heraus leben, desto fröhlicher werden wir.

leben, lieben, lachen

Leben, Lieben, Lachen – das ist die Devise meines Lebens. Nur mit den Komponenten eines total gelebten

Lebens und einer Einstellung, die die Liebe lebt, gelingt das Lachen. Und für die Liebe und das Leben brauchen wir auch das Lachen. Alles wirkt zusammen. Je spielerischer wir mit dem Leben und der Liebe umgehen, umso mehr lachen wir auch. Und wenn es Probleme gibt mit der einen oder anderen Komponente, dann macht das auch nichts, denn letztendlich zählt nur die Entspannung. Was immer geschieht, eine entspannte Grundhaltung wird auch das fröhliche Leben fördern.

Ein fröhliches Leben zu führen bringt eine Stärke mit sich, die alles überwinden lässt. Es ist kein kraftloses Dasein, das man in dieser Weise führt. Lachen ist Rebellion, ist Überwindung von Schwierigkeiten, ist Brücke zur Transzendenz, zum Unfassbaren.

Fritz beobachtet, wie seine Frau Susi ihren neuen Büstenhalter „Wonderbra" anprobiert.
"Warum in aller Welt hast du das Ding gekauft?" fragt Fritz. "Du hast doch nichts, was du hinein-stecken kannst!"
"Bleib ganz ruhig, Fritz!" sagt Susi. "Beschwer´ ich mich bei dir, dass du Unterhosen kaufst?"

der schock des lachens

das Lachen hat die wunderbare Fähigkeit, zu schockieren. Es ist wie der Tod ein Schock. Es kracht im Gebälk, wenn der Tod kommt, da zittert alles. Ebenso ist das beim Lachen. Alle Strukturen werden aufgelöst, aufgebrochen, auch feine und subtile. Und nur die reine Energie bleibt. Das ist es, was der Meditation so sehr hilft. Denn in der Meditation geht es auch darum, alle Strukturen fallen zu lassen. Wir sind nur der Zuschauer, nichts anderes. Keine Form, keine Färbung, kein Gefühl. Nichts. Nur ein Lachen. Alles wird aufgelöst.

Auch wenn der Sterbeprozess eine ästhetische und sensible, subtile Sache ist, dann gehört doch das laute Lachen dazu. Kein Lächeln, sondern ein Lachen. Es hilft auch, mit dieser Subtilität des Todes im Sterbeprozess zurechtzukommen. Ab einem bestimmten Punkt wären wir an der Grenze unseres Fassungsvermögens von Subtilität angekommen, sie würde uns zerstören, wir könnten nicht weitergehen. Doch das Lachen bringt uns immer wieder auf eine neue Ebene, oder man könnte auch sagen, es bringt uns immer wieder auf den Boden, auf einen Anfang. So können wir wieder neu anfangen und damit weitergehen. Das ist für mich das Lachen. Es bringt uns wieder in die Welt, in unsere Wurzeln, unseren Boden. So helfen wir uns und der Welt, wenn wir unsere Meditation zu ihr bringen. Nur so, denn unsere Schwingung wird viel bewirken, doch nur, wenn wir in der Welt sind und nicht oben drüber schweben.

Wenn jemand im Sterbeprozess ist, dann kann man ihm nur wünschen, dass er den Todesschock positiv wie ein Lachen aufnehmen kann. Das Lachen zerstört die Strukturen wie der Tod. Es dreht den Tod in etwas Positives um. Es bedeutet immer einen Neuanfang. Können wir über den Tod lachen, dann beginnt damit etwas Neues.

Lachen ist etwas sehr Potentes, Rebellisches. Nicht umsonst wurden in den Diktaturen Witze über die Herrscher verboten und auch in unserer christlich westlichen Kultur darf man eigentlich über bestimmte Themen keine Witze machen, wie über die Kirche, Jesus, Sex und Tod.

Doch versucht man es einmal, dann wird man die befreiende Wirkung eines solchen Witzes bald bemerken. Zuerst ist man schockiert, doch dann durchbricht der Witz eine innere Barriere und man ist befreit von dem Tabu. Wann immer wir eine Enge oder eine Blockade in uns tragen – und wir haben viele davon – hilft uns ein Lachen über dieses spezielle Thema, diese Enge loszulassen. So ein Lachen rüttelt in uns und schüttelt uns durch. Es öffnet uns für einen frischen Wind. Es hilft uns, unsere Schwierigkeiten mit etwas mehr Leichtigkeit zu nehmen und uns auf die freudige Seite des Lebens zu begeben. Es macht uns zu menschlichen Wesen, die fähig sind, sich dem dauernden Tanz des Universums anzuschließen.

was ist meditation?

meditation ist das Entzücken, sich selbst zu sein. Es ist der reine Genuss. Man sitzt, liegt, steht, tanzt oder geht und ruht immer voller Glück in sich selbst.

die basis der meditation

es gibt viele Wege zur Meditation. Viele verschiedene Herangehensweisen, wie kathartische Meditationen, Bewegungs- und Tanzmeditationen, Stimm Meditationen, in denen gesummt wird, stille Meditationen, in denen zugeschaut wird, Vipassana und Atemmeditationen, die über das Beobachten des Atems gehen, Entspannungsmeditationen, die liegend geschehen, Meditationen, in denen man sich etwas vorstellt, Meditationen, in denen es um bewusstes, aufmerksames Handeln geht, zum Beispiel Gehen, Essen, Tee trinken, Meditationen, die in eine Art Hypnose führen und Disziplinen, die zu einer Meditation werden. Doch alle Meditationen beinhalten immer diese Komponenten:

Entspannung
Zuschauen, Beobachten, Zeuge sein
Nicht beurteilen
Spielerisch sein

Zu Beginn sollte man auf stille oder ruhige Meditationen verzichten, denn wir sind alle innerlich so aufgeregt und hochgepeitscht, dass uns unsere Spannungen, die dann hochkommen, überfluten würden. Es empfiehlt sich daher, mit dynamischen Meditationen zu beginnen. Das können Osho Kundalini Meditation, Osho Dynamische Meditation, Osho Nataraj, Osho Gourishankar, Gibberish, Mystic Rose, Born Again und andere oder auch das Training von meditativen Kampfsportarten sein. Die genannten Meditationen stammen alle aus der Welt Oshos und können in den Zentren oder im Osho International Meditation Resort in Pune, Indien, ausprobiert werden. Außerdem gibt es CDs mit der Musik und Bücher, die sie genau beschreiben, so dass man sie auch zuhause machen kann. Zu empfehlen ist die Webseite *www.osho.com*, auf der viele Meditationstechniken beschrieben sind.

Wenn man möchte, kann man auch per E-Mail Fragen stellen, oder sich von Meditationszentren in der Umgebung

Adressen heraussuchen. Diese Internetseite ist auch auf deutsch zugänglich. Am Ende des Buches verweise ich auf weitere Internetseiten, in denen deutsche Bücher und CDs bestellt werden können.

Osho hat diese kathartischen Meditationen extra für den heutigen unruhigen Menschen entwickelt, weil er sah, dass die stillen Meditationen nicht mehr zeitgemäß für die jetzt lebenden Menschen sind. Außerdem war es notwendig, Meditationen für den Zustand des heutigen Menschen zu kreieren, die ihn genau von dem befreien, an dem er am meisten leidet – viele körperliche und seelische Blockaden und viele Schmerzen sind ins Unterbewusstsein gedrängt. Daher ist in den meisten dynamischen Meditationen eine kathartische Phase enthalten, die Blockaden aufbricht und das Unterbewusstsein klärt. Dann erst folgt eine stille Phase. Nur so ist es möglich, überhaupt still zu werden, denn unser Denken treibt uns gewöhnlich in große Unruhezustände.

Erst nach einer Weile, wenn wir dann stabiler geworden sind und nicht mehr so viele Spannungen mit uns tragen, kommen vielleicht stillere Meditationen wie Vipassana und Zazen in unser Leben. Es muss nicht so sein, das hängt von dem inneren Sehnen ab, das uns zu der im Moment passenden Meditation führt. Vielleicht möchten wir unser Leben lang Osho Nataraj, eine Tanzmeditation, machen, vielleicht zieht es uns aber auch zum einfachen Sitzen oder Liegen hin. Ich kenne mehrere Freunde, die auch nach jahrzehntelangem Meditieren noch mit Freude, ja immer mehr, die Osho Dynamische Meditation machen und sich zugleich an anderer Stelle auf das stille, entspannte Sitzen oder Liegen freuen. Wir sind nicht begrenzt, jeder liebt andere Meditationen.

Zwei Freunde treffen sich. "Hast du schon gehört, was Hans passiert ist?" fragt der eine.
"Nein, was denn?"
"Die Frau von Hans kämpfte mit einer Kakerlake und das hat ihn mit schweren Verbrennungen und mehreren Brüchen ins Krankenhaus gebracht.
Sie stampfte auf den Käfer, warf ihn in die Toilette und sprühte eine ganze Dose Insektenspray auf ihn, da er nicht sterben wollte.
Später, als Hans die Toilette benutzte, warf er eine brennende Zigarette hinein, die dann die Giftgase entzündete. Die Explosion verursachte schlimme Verbrennungen an seinen empfindlichsten Teilen.
Kurz darauf erzählte seine Frau den Sanitätern, die Hans zum Krankenwagen trugen, wie er verletzt wurde. Sie begannen schrecklich zu lachen und ließen ihn die Stufen hinunter fallen, was eine gebrochene Hüfte und ein paar Rippenbrüche zur Folge hatte.
Die Kakerlake überlebte das Ganze unbeschädigt!"

das a und o der meditation

Zu welcher Meditation man sich auch hingezogen fühlt – und darum geht es bei Meditation: man folgt einem inneren Impuls, einem inneren Streben oder Sehnen nach und findet so die richtige Meditation – es ist gut sich klar zu machen, dass Entspannung die Grundvoraussetzung für Meditation ist. Und dass sie nicht nur der Anfang, sondern auch das Ende ist. Meditation beginnt mit Entspannung und führt in die noch tiefere Entspannung. Sich in die Haltung eines Lotussitzes zu zwingen, bringt gar nichts, die Verkrampfung kann keine Meditation zulassen. Meditation geschieht von selbst. Man kann sie nicht herbeizwingen. Anstrengungslos geschieht sie, in entspannter Haltung. Ob man liegt oder in einem Sessel sitzt oder entspannt geht oder entspannt sich die Schmerzen herausbrüllt, dies alles geht nur mit einer entspannten, anstrengungslosen Grundhaltung. Meditation kommt von alleine, sie hat gar nichts mit der Form zu tun, diese ist nur die Einladung an sie.

Sie ist auch keine Konzentration. Wenn wir uns auf etwas konzentrieren, dann verengen wir unsere Aufmerksamkeit, wir grenzen ein. Alles wird dichter und zielgerichteter. Meditation dagegen ist wie ein rundherum Sensor, alles wird wahrgenommen, nichts ausgeblendet oder verengt. Was immer gerade die Aufmerksamkeit erfasst, ist das Richtige. Ob es der Straßenlärm, das Kinderlachen oder ein Schmerz auf der linken Seite ist...die Wachheit gilt allem, aber in einer entspannten Weise! Es ist nicht so, dass wir uns zwingen, besonders aufmerksam auf alles und jedes im Außen und Innen zu sein. Wir haben eine freundliche, zulassende Grundhaltung und die lässt bestimmte Dinge hervorheben und andere nicht. Es ist nicht wichtig, was das Zentrum unserer Aufmerksamkeit ist, außer wir entscheiden uns für eines, wie es zum Beispiel bei Vipassana der Atem ist. Doch auch dann ist dieses Zentrum des Atems immer noch eher wie ein vages Hingehen, als ein sich darauf Konzentrieren. Wir wenden uns dem Atem zu, wenn nichts anderes in unsere Aufmerksamkeit kommt. Wir gehen zum Atem, oder verweilen bei ihm, solange wie es anstrengungslos geschieht.

Konzentration bringt uns in Spannungen und alleine deshalb ist sie schon nicht nützlich für eine Meditation.

Zentrierung dagegen kann eine hilfreiche Disziplin sein. Ich bin auf meinem Weg öfters zu solchen zentrierenden Meditationen hingezogen worden, zum Beispiel wurden einmal meine Brustwarzen und dann mein drittes Auge zu meinem Zentrum der Aufmerksamkeit.

Auch Kontemplation ist keine Meditation. Auch hier haben wir eine, wenn auch offenere Art von Konzentration auf ein bestimmtes Thema. Wir beschäftigen unser Denken mit einer bestimmten Aufgabe, was nicht der anderen Grundvoraussetzung der Meditation entspricht: Dem unbeteiligten Zuschauen.

meditation bedeutet beobachten, zuschauen, zeuge sein

Was immer geschieht in uns, was immer wir wahrnehmen – wir sind nur der Zuschauer, der Zeuge dessen was geschieht. Es ist ganz einfach zu verstehen: Wenn wir auf etwas schauen, eine Blume zum Beispiel, dann sehen wir dort die Blume...und wir sind hier, auf die Blume schauend. Wir kämen nicht auf die Idee, uns für die Blume zu halten, es ist klar, dass das was wir sehen, nicht wir sind. Wenn wir auf eine Straße gehen und die vorbeifahrenden Autos sehen, dann ist es ebenfalls klar, dass das, was wir sehen, die Autos, nicht wir selbst sind. Wir sind diejenigen, die die Autos sehen und wahrnehmen. So ist das genauso mit den Gedanken und den Gefühlen und dem Körper. Wir spüren den Körper. Da ist er und da sind wir, die wir ihn wahrnehmen. Es gibt einen Zwischenraum zwischen diesen beiden Elementen von Objekt und Subjekt, dem Körper und demjenigen, der ihn wahrnimmt. Das Gleiche passiert mit unseren Gedanken. Wir hören und spüren sie, sie sind daher von uns getrennt. Alles, was wir wahrnehmen, ist von uns entfernt, ist ein Objekt, sonst könnten wir es nicht wahrnehmen.

Meditation bedeutet, dass wir uns im Klaren darüber sind, dass alles was wir wahrnehmen, wir nicht sind. Wir sind sozusagen immer der letzte Zuschauer, hinter dem es nichts mehr gibt. Wir könnten nun versuchen, den Beobachter unserer Gedanken anzuschauen und ihn so wieder zum Objekt zu machen und uns als Zuschauer dahinter zu stellen. Doch diesen Versuch können wir uns sparen. Denn irgendwann müssen wir mit der Kette der Zuschauer, die sich selbst zuschauen, aufhören, warum also nicht gleich.

Es ist ganz einfach zu verstehen: Was immer wir sehen, spüren, wahrnehmen, ist getrennt von uns und somit sind wir es nicht. Dieses Element, das immer zuschaut, das sind wir, der Beobachter. Doch wir können diesen Zeugen der Szenerie nicht in unseren Händen halten und fassen. Wir können ihn nicht ergreifen und sagen: Ha! Das ist der Zuschauer, das bin ich! Denn dann wäre diese Spaltung in Subjekt und Objekt wieder gegeben und das Objekt wäre wieder nicht der wahre Beobachter – es ist immer das Subjekt, das den Zuschauer ausmacht. Wir können es also gleich von Anfang an aufgeben, den Beobachter zu finden oder zu fühlen, wir werden ihn nie vor unserer Nase sehen können. Denn wir sind immer das Subjekt, der Wahrnehmende, derjenige, der dahinter steht. Wir sind der Ober, der den Unter sticht, der einzige Zuschauer von allem anderen.

So ist auch das Gefühl des "Ich" nur ein Objekt und damit nicht unser eigentliches Sein. Wir können es wahrnehmen, es spüren, so ist es also getrennt von uns. Es ist auch nur ein Gedankengebilde, eine Zusammenballung von Energien, an die wir uns gewöhnt haben. Lernen wir, dieses Ichgefühl nicht mehr wichtig zu nehmen und es zu beobachten als etwas, das genauso getrennt von uns ist, wie eine Blume, die wir betrachten können, werden wir von vielen Schmerzen erlöst. Denn dieses "Ich" ist der Auslöser von allen Problemen in uns. Es gibt es in Wahrheit nicht, es ist nur eine nützliche Idee, die uns von unserer Umgebung in unserer Kindheit eingegeben wurde. Wenn wir dieses Ich-Gefühl beobachten lernen und damit ihm auch die Energie nehmen, sich weiter wichtig zu nehmen, beginnen wir, loszulassen. Wir löschen "uns" völlig aus damit und nur das Zuschauen bleibt.

Ein Haiku:

Der Duft der Pflaumenblüte
Und der Mond
Er leuchtet.

Den Zuschauer kann man nicht sehen, sondern man wird mehr und mehr zu ihm. Man kann ihn nicht fühlen als ein Objekt, sondern je mehr man alles beobachtet, was Innen und Außen geschieht, desto mehr wird man zu diesem Zeugen. Es gibt dann keine Spaltung mehr in Subjekt und Objekt. Es ist ein einheitliches Phänomen, da ist keine Zweiheit, keine Dualität mehr in uns. Nur der Zuschauer bleibt übrig, als ein ewiger Beobachter.

Je mehr wir unsere Gedanken beobachten und vorüberziehen lassen, desto mehr verschwinden sie. Alles was unwahr ist, verliert sich mit der Zeit, alles was wahr ist, bleibt. Es ist wie bei einer Zwiebel, Schicht um Schicht löst sich auf und am Ende bleibt nichts mehr übrig. Unsere Illusionen, unsere Ängste, unsere Meinungen, unsere Hoffnungen, unsere Sehnsüchte...alles verschwindet, nur eine Leere bleibt. Doch auch sie kann man nicht festhalten, auch sie wird zum Objekt unseres Zuschauens und eines Tages fällt sie genauso wie alles andere. Nichts bleibt übrig, und doch ist alles da, was wesentlich ist. Dies ist das Mysterium der Existenz.

In einem Zugabteil sitzen ein junger Mann, ein hübsches Mädchen und ein Priester. Dieser beobachtet, wie der junge Mann dem Mädchen ständig auf den Rock schaut.
Mitfühlend ermahnt der Gottessohn: "Mein Sohn, dort ist die Hölle!"
"Ich weiß", antwortet der junge Mann, "bei mir ist an der gleichen Stelle der Teufel los!"

der leere spiegel

die Zen-Leute nennen dies wie ein leerer Spiegel zu sein. So lange wir noch an unseren Gedanken und Gefühlen festhalten, ist der Spiegel nicht leer, vieles sitzt in unserem Bewusstsein fest. Manchmal sind wir so verhaftet und verklebt mit unseren Gedanken, dass wir unsere Fähigkeit des Widerspiegelns verloren haben. Dann denken wir, dass wir unsere Gedanken sind. Wir glauben zum Beispiel, dass es wahr ist, dass wir schön, hässlich, intelligent oder idiotisch sind, nur weil wir es uns dauernd selbst sagen. Wir denken, dass dies der Wahrheit entspricht, doch bedeutet das nur, dass wir nicht richtig verstanden haben. Was immer wir sehen, sind wir nicht. Wenn wir bestimmte Eigenschaften an uns sehen, dann sind das wie Farben, die uns aufgemalt sind, doch sie haben nichts mit unserer wahren Natur zu tun. Unsere wahre Natur, unser wahres Wesen taucht auf, wenn wir zum leeren Spiegel werden. Wir reflektieren alles, was wir sehen, ohne es festzuhalten, wir spiegeln es wider und lassen es vorübergehen.

So mischen wir uns nicht mehr ein in die Wege der Existenz. Wenn sie ein bestimmtes Lied durch uns singen will, schauen wir ihm zu. Und wenn sie etwas anderes durch uns bewirken will, dann schauen wir dem genauso zu. Wir verstärken nichts und dämpfen nichts mehr. Wir haben keine Meinungen mehr, wie wir sein sollten, sondern wir beobachten einfach den Strom der Energie, der uns am Leben hält. Wir sind einfach so, wie wir sind. Nichts ist zu tun oder zu verändern. Unsere Handlungen entstehen aus einer natürlichen Spontaneität heraus, nicht aus absichtsvollem Verhalten. Unsere wahre Natur kommt so zum Vorschein, sie ist das wundervollste, was wir uns nur wünschen können. Eine konstante Glückseligkeit umgibt uns, eine Liebe und eine Freude, denn eine existenzielle Energie erhebt uns und führt uns.

Es ist die Leere, die diese Glücksgefühle in uns bewirkt. Sie ist die pure Reinheit. Wenn wir nicht mehr vor der Leere wegrennen, sie nicht zu füllen versuchen, dann öffnen sich für uns die Türen der Mysterien der Existenz. Ein Erleuchteter ist die reine Leere, man könnte sagen, dass es ihn eigentlich nicht gibt. Da ist kein Zentrum, kein "Ich", keine Gedanken oder Gefühle, an denen man ihn festmachen könnte. Leute, die etwas feinfühliger sind, nehmen seinen Körper als leere Hülle wahr und fragen sich, wie er sich überhaupt bewegen kann, wo da doch nichts ist. Und ich selbst, als ich einmal Osho sehr nahe war, so dass er mich berührte, hatte das deutliche Gefühl: Da ist nichts! Gar nichts! Ein Erleuchteter ist das reine zuschauende Bewusstsein, so wie wir alle. Er weiß es und lebt es. Wir lernen dazu, so wie er vor seiner Erleuchtung auch. Osho umgab, nach meiner Wahrnehmung, als er noch in seinem Körper war, ein unglaublich starkes, mysteriöses Energiefeld.

Es ist ein Paradox: Je leerer wir werden, desto glückseliger, erfüllter werden wir. Je voller wir mit uns sind, desto elendiger fühlen wir uns. Wir müssen uns selbst verlieren, das ist der Preis für Harmonie und Glückseligkeit.

Man fragt sich, wie man dann überhaupt handeln kann, wenn man so leer wird. Man hat keine Motivationen mehr, keine Sehnsüchte und keine Wünsche, die einen bewegen könnten. Hat man noch Gefühle oder ist einem alles egal? Spürt man noch Schmerzen, wo man doch weiß, dass man vom Körper getrennt ist?

Je leerer man wird, desto mehr lernt man, spontan zu handeln und zu sein. Denn in dieser Spontaneität drückt sich das ursprüngliche Wesen oder das Lied aus, das die Existenz durch uns singen will. Woher weiß ich nun, ob eine Handlung aus meinen alten Gedanken heraus kommt oder ob es ein spontaner Impuls ist? Das ist ganz einfach, denn alles was aus einer Leere heraus entsteht, ist ein existenzieller Impuls, was aus einem Ich-Gefühl heraus entsteht, ist ein gewohnheitsmäßiger, unbewusster Drang. In der Leere hat man trotzdem noch so etwas Ähnliches wie Gefühle und Gedanken, weil man noch im Körper ist. Doch würde ich sie eher Seinszustände und Wissen nennen, als Gefühle und Gedanken. Man spürt zum Beispiel Schmerzen im Körpers, doch ist es mehr so, dass man es sieht, wie der Körper leidet und man Mitgefühl mit ihm hat. Es ist wie wenn ein Kind weint, weil es hingefallen ist und sich weh getan hat – da ist man auch sorgsam und aufmerksam zu ihm und kümmert sich um es. So geht ein Zuschauer, ein leerer Spiegel, auch mit seinem Körper um. Mitfühlend und sorgsam, doch nicht identifiziert, also er hat nicht das Gefühl, er selbst würde leiden. Er selbst ist nur der Zuschauer und der leidet nicht. Der hat keine Gefühle, da ist nichts weiter als reines Beobachten.

in der meditation beurteilt man nicht und man wählt nicht aus

meditation bedeutet, nicht zu beurteilen, was man sieht und wahrnimmt. Wenn wir zum Beispiel in uns viel Ärger haben, dann bedeutet das, dass wir ihm zuschauen, ohne dass wir sagen: "Hey, das ist Ärger, der darf nicht da sein!" Was immer vor unserem Betrachten vorbeizieht oder sich ausbildet, wir schauen nur zu, haben keine Meinung dazu. Auch wenn schöne Sachen passieren – wir sind zum Beispiel glücklich und freuen uns – auch dann beobachten wir dies nur. Wir wählen nicht aus, es ist nicht so, dass wir uns für die positiven gegen die negativen Dinge entscheiden, wie man das im "positiven Denken" macht. Nein. Wir wählen nicht aus. Was immer in uns und um uns herum geschieht, wir nehmen es wahr, doch es ist getrennt von uns. Es ist nicht das Wesentliche, denn wir können es sehen. Es ist das Objekt und das interessiert uns nicht. Schließlich wollen wir zum Subjekt werden, uns selbst werden, zum Zeugen, zum Zuschauer.

Die Gefühle sind da, wir haben unsere Aggressionen, Anhänglichkeiten, die wir Liebe nennen, oder Sehnsüchte, Schmerz und vieles mehr in uns. Doch das macht nichts. Sollen sie da bleiben. Es ist nicht unser Anliegen in der Meditation, unsere Gedanken und Gefühle auszurotten oder zu vernichten. Der entscheidende Punkt ist die Nicht-Identifikation, die Trennung von ihnen. Beim Zuschauen unterdrücken wir keine Gedanken und Gefühle, im Gegenteil, wir lassen alles zu, was da kommen will. Es ist wie wenn wir am Rand einer Hauptstraße sitzen und einfach zuschauen, was da kommt und vorbeigeht. Da ist ein kleiner, dicker, schwitzender Mann. Ein rotes, schnelles Auto. Ein Fahrradfahrer mit einem gelben Rucksack. Eine große Frau schiebt einen Kinderwagen. Ein Polizeiauto rast vorbei...genauso kommt und geht vieles in uns – wir lassen alles zu, nehmen es wahr, und lassen es vorbeiziehen. Wir halten an nichts fest. Und wir urteilen nicht, sondern wir sehen nur.

Wir haben keinen starren Blick auf das, was wir wahrnehmen. Meditation bedeutet auch Weichheit. Wir schauen so, als würden wir die Dinge, die vorbeiziehen, nur so nebenbei sehen. Unser Blick ist weich und entspannt. Würden wir versuchen, direkt auf unsere Gedanken und Gefühle zu starren, würden wir uns verkrampfen und das würde, außer für uns Schmerzen, nichts weiter bringen. Es ist eher wie ein Negieren unserer Gedanken, der Gefühle, der Launen, der Empfindungen, der Emotionen als ein Hinstarren auf sie.

Unsere Grundhaltung uns selbst gegenüber ist mitfühlend und liebevoll. Strenge und Starre gilt es zu vermeiden, stattdessen fördern wir die Freundlichkeit und Wertschätzung unseres Körpers und unseres ganzen Systems. Auch wenn wir den Körper, die Gedanken und die Gefühle beobachten, so bedeutet das nicht, dass wir gegen sie sind oder sie sogar ablehnen. Wir haben ihnen bezüglich keine Meinung, wir bleiben weich und nachgiebig.

Ein Haiku:

Ein kalter Regen setzt ein,
Und ich ohne Hut.
Wenn ich´s bedenke,
Wen stört´s?

Seit unserer Kindheit haben wir mit der Ausbildung unseres Denkens und der Sprache gelernt, alles in Worte zu fassen und jedem, dem wir begegnen, einen Namen zu geben. In der Meditation ist dies nicht förderlich. Wenn wir zum Beispiel so am Straßenrand sitzen und die Menschen und Autos vorbeiziehen lassen, dann ist es nicht hilfreich, sie zu bezeichnen. Worte sind enge Kästen, die uns einsperren. Die Freiheit der Leere kann nicht mit ihnen fliegen. Wenn wir also ein bestimmtes Gefühl wahrnehmen, dann ist es besser, es einfach so sein zu lassen, wie es ist, als es mit einem Namen zu bezeichnen. Die Verbalisierung ist ein Problem bei der Meditation, denn sie drückt uns in unser Denken und genau das wollen wir loslassen. Die Kästen des Denkens, die Schubladen des Denkens verhindern, dass wir existenzielle Impulse wahrnehmen und leben lernen.

"Omi, was ist eigentlich ein Liebhaber?", fragt die kleine Rita.
Entsetzt schlägt sich die Oma an die Stirn, rast aus

dem Zimmer, stürmt die Treppe hinauf zum Speicher,
öffnet den alten Kleiderschrank und ruft: "Heinrich,
Heinrich!"
Aber ihr fällt nur noch ein Gerippe entgegen.

meditation
– ein spielen mit disziplin

grundlage jeder Meditation ist die spielerische Einstellung dazu. Schon wie wir die Meditation aussuchen, welche von den vielen Möglichkeiten wir ausprobieren, sollte spielerisch sein. Mit Vorfreude und Lust wenden wir uns dem zu, was uns gerade anspricht. Dabei ist es hilfreich, die einmal gewählte Meditation möglichst drei Wochen lang täglich auszuprobieren. Wenn das nicht geht, dann hören wir eben wieder früher auf, doch um einen kurzen Einblick in die Tiefe einer Meditation zu bekommen, brauchen wir einundzwanzig Tage. Wenn sich dann herausstellt, dass uns eine besondere Meditation liegt, dann können wir sie uns so lange begleiten lassen, wie es eben passend ist. Vipassana hat mich zweieinhalb Jahre beglückt, bis ich eines Tages bemerkte, dass es mich anstrengt, dass es mich Kraft kostet, sie weiterzumachen. Es war keine Disziplin mehr, die auch ihre eigenen Durststrecken hatte, es wurde plötzlich zur Qual, ich hatte keine Lust und keine Freude mehr dabei und so fiel sie dann von mir ab. Doch ich weiß von Freunden, die ihr Leben lang eine bestimmte Meditation mit Intensität und Freude machen...das ist wie immer eine sehr individuelle Sache.

Manchmal fühle ich, wie sich eine Meditation annähert. Es ist, wie wenn ich plötzlich das Meer rieche, obwohl ich es noch nicht sehe. Und dann plötzlich höre ich irgendwas, lese irgendwas oder jemand erzählt mir etwas und das ist dann meine neue Meditation. Oder ich habe plötzlich einen Impuls, eigene Wege zu gehen und mich auf etwas einzustellen, was ich noch nicht gehört habe. Oft ist es mir passiert, dass ich dann später auf diese Meditation gestoßen bin. Zum Beispiel hatte ich eine Liebe dafür, mich in ein völlig dunkles Zimmer zu setzen und die Dunkelheit tief in mich einsinken zu lassen. Es entspannte und beglückte mich sehr. Dann las ich in einem der vielen Meditationsbücher von Osho, wie er dort genau diese Meditation beschreibt. So etwas gibt mir dann immer das Glücksgefühl, dass ich in mich vertrauen kann. Und dieses Vertauen in sich möchte ich hier weitergeben. Gerade wenn man schon ein wenig Erfahrung mit Meditationen hat, dann kann man sich völlig vertrauen, mit allem, was einem so passiert.

Auch während einer Meditation ist das spielerische Umgehen mit den Situationen, die entstehen, eine Hilfe. Manchmal geschehen uns Widerstände oder Engen oder wir fühlen uns unwohl, da ist es gut, wenn wir damit unkompliziert und leicht umgehen. Wir sind immer total, geben unser Bestes und machen die Abläufe der Meditation völlig mit. Doch wenn wir an Grenzen kommen, dann entspannen wir noch mehr, und achten darauf, spielerisch und fröhlich zu bleiben. Keinesfalls zwingen wir uns, über sie hinauszugehen. Denn Meditation bedeutet, mit sich zu gehen, nicht gegen sich. Alles was an Glückseligkeit passieren kann in einer Meditation, geschieht nur, wenn wir mit uns gehen, mit unserer Entspannung und mit unserem

Vertrauen in uns selbst. Meditation ist das Entzücken, sich selbst zu sein. Man erreicht überhaupt nichts, wenn man sich quält.

Jede Meditation ist im Grunde auch eine Disziplin, ob wir nun intensiv atmen oder uns schütteln, ob wir länger möglichst unbewegt sitzen, ob wir aufmerksam gehen oder ob wir unsere Aufmerksamkeit auf den Atem lenken...immer ist eine Disziplin dabei enthalten. Es ist eine innere Disziplin, die sich grundlegend von dem unterscheidet, was man gewöhnlich darunter versteht. Es bedeutet nicht, hart wie Kruppstahl und zäh wie sonst was zu sein. Die natürliche Disziplin ist ein Genuss; sie ist eher wie ein Tanz, man zentriert sich mit Freuden. Und man hat eine entspannte und zugleich gesammelte Herangehensweise. Es ist eine grosse Lust, einer inneren Disziplin zu folgen, denn sie erhebt und intensiviert uns. Ohne so eine Sammlung wandern zum Beispiel unsere Gedanken herum und bringen uns von unserem Wesen weg. Doch mit Disziplin kann unser Wesen durch den Urwald unserer Illusionen und Verblendungen hindurch gelangen.

meditation ist immer hier und jetzt

Welche Meditation uns auch beglückt, sie bringt uns in einen Zustand, in dem wir uns für das öffnen, was hier und jetzt geschieht. Der gegenwärtige Moment ist alles, was entscheidend ist. Alles passiert hier und jetzt. Die Vergangenheit ist vorbei und die Zukunft ist noch nicht da.

Nur der Augenblick ist der Moment, in dem etwas geschehen kann und geschieht. Und das auch nur hier, nicht irgendwo dort, sondern hier, wo wir sind. An keinem anderen Ort kann etwas mit uns geschehen, als hier. So bringen uns alle Meditationen zu diesem unserem Moment an diesem unserem Ort. Alles andere sind nur Luftblasen, zwar schillernd, doch zerplatzen sie sofort, wenn man sie berührt. Die Vergangenheit hat keine wirkliche Substanz, da ist keine Energie, aus der wir genährt werden könnten. Doch im Moment des Hier und Jetzt öffnen sich Welten. Himmlische Energieströme, um es so prosaisch zu nennen, warten nur darauf, sich in uns zu ergießen und uns beglücken zu können. Meditation bedeutet, hier und jetzt zu sein. Wir haben die Aufmerksamkeit hier und jetzt, wir achten auf alles, was passiert, Innen in uns wie Außen, ergeben uns dem Moment.

Ein Haiku:

Der Mond in der Kiefer
Und dazu der Uhu
Ahh, wie herrlich!

einige meditationen

Wenn ich auf der Suche nach einer Meditation bin, dann blättere ich gelegentlich die Bücher durch, in denen Osho Meditationen vorstellt.
Ins Deutsche übersetzt gibt es zum Beispiel die Folgenden:

Das Orangene Buch
Meditation – die letzte Freiheit
Das Orakel der Meditation
  (112 verschiedene Meditationstechniken)
Was kann ich tun?
Was ist Meditation?
Das Feuer der Meditation

Dann gibt es noch die Möglichkeit, sich im Internet unter *www.osho.com* die tägliche Meditation anzuschauen, auch auf deutsch.

Oder man hört oder sieht sich einen der vielen Diskurse an, die Osho auf englisch spricht, auf Video/DVD oder auch während der Abendmeditation in einem Osho Zentrum. Osho spricht in seinen Diskursen oft über Meditation.

Die meisten dieser Diskurse, auch die in indischer Sprache, wurden als englische Bücher veröffentlicht. Diese sind teilweise auch auf deutsch von den Verlagen Innenwelt, Ullstein und Goldmann herausgegeben worden. Zu bestellen bei *www.meditationandmore.de*.

Es gibt weiter eine deutsche Zeitschrift, "Osho Times" genannt, in der Meditationen erklärt werden, neben vielen anderen interessanten und unterhaltsamen Beiträgen. Im Internet ist sie in Ausschnitten präsent unter *www.oshotimes.de*.

Hier möchte ich nur folgende Meditationen als kurze Anregung geben:

sei ohne worte

Um aus dem Griff des Denkens zu kommen, können wir beginnen, uns bewusst umzuschauen, und die konstante Verbalisierung dabei sein zu lassen. Wir schauen eine Blüte an und entspannen, so dass wir nicht innerlich sagen: Ach, das ist eine gelbe Rose und sie duftet. Nein, wir schauen ohne Kommentar. Die Blüte ist die selbe, ob wir sie in Worte fassen oder nicht. Doch wir öffnen uns für sie erst, wenn wir den Kasten unseres Denkens und unserer Sprache losgelassen haben. Diese Meditation können wir den ganzen Tag über machen. Ob wir Tee trinken, ob wir etwas essen, ob wir mit einem Freund sprechen...immer achten wir darauf, das, was wir wahrnehmen, nicht in Worte zu fassen, sondern es so sein zu lassen, wie es ist. Wir verstärken den Duft der Blüte nicht und wir sagen auch nicht, dass der Tee bitter ist. Was immer wir wahrnehmen, wir sehen es und bilden keine Worte dazu. Alles ist wie es ist.

erinnere dich, dass du nicht der körper, nicht die gedanken, nicht die gefühle bist

Wann immer es dir passiert – erinnere dich daran, dass du nicht der Körper, nicht die Gedanken und nicht die Gefühle bist, die da sind. Du bist nur der Beobachter von allem. Vielleicht geht es leicht, sich abends im Bett vor dem

Schlafen daran zu erinnern. Vielleicht setzt du dich auch einfach nur hin und erinnerst dich. Oder während deiner Arbeit machst du ein Spiel daraus und schaust, wie lange du diese Bewusstheit halten kannst und wie lange nicht. Strenge dich aber nicht dazu an, sei entspannt dabei. Oder du schaust in den Spiegel und erinnerst dich, dass du nicht dieser Körper bist, den du da siehst. Er ist dein Tempel, dein Haus, jedoch nicht du.

sag ja

du kannst dir diese Disziplin sehr lustig gestalten. Was immer auf uns zukommt, wir haben die Tendenz, zuerst einmal Nein zu sagen. Diese Tendenz gilt es, umzudrehen in ein Ja. Wenn dich zum Beispiel jemand fragt, ob du ins Kino mitgehen willst und eigentlich wolltest du lieber zuhause bleiben – sag trotzdem Ja. Probiere es aus, Ja zu sagen. Und sage erst Nein, wenn du an wirkliche Grenzen stößt. Und das ist das Lustige daran: Wo ist deine wirkliche Grenze? Meine ist bei Blut- und Leberwurst. Da muss ich dann Nein sagen, doch auch hier versuche ich, das Nein so zu formulieren, dass es wie ein Ja ist. Jemand bietet dir Sauerkrautsaft an? Du sagst Ja. Du stehst unter der Dusche? Du sagst Ja zu dem warmen Wasser und dem Fließen. Du hast einen Schnupfen? Du sagst Ja zu der Krankheit und akzeptierst sie vollständig. Probiere es aus...dein Leben wird sich völlig ändern. Du wirst dich öffnen. Und du wirst feststellen, dass das Leben erst zu dir kommen kann, wenn du Ja sagst, wenn deine Türen offen sind. Doch mache ein Spiel daraus. Wenn du etwas wirklich nicht willst, dann sag bewusst Nein. Doch wie gesagt, mit einer Ja-Formulierung: Nein, ich möchte keine Blut- und Leberwurst essen, doch danke, dass du sie mir angeboten hast!

die stopp meditation

hier geht es darum, sich zu deautomatisieren. Wir sind alle sehr in unseren Gewohnheiten und Unbewusstheiten gefangen, so dass es uns schwer fällt, das Hier und Jetzt wahrzunehmen. Wenn wir in einer Handlung plötzlich stoppen und für etwa 10 Sekunden bewegungslos verharren und wie eineisen, dann fallen wir in die Mitte der Stille. Es ist eine Meditation, in der wir einen Partner brauchen, doch dafür ist es umso lustiger. Es wird ausgemacht wer der Stopper ist und der ruft dann irgendwann: Stopp! Und der andere gefriert augenblicklich in Bewegungslosigkeit, was immer er auch gerade tut. Anfangs kann man es etwas leichter machen und dann stopp rufen, wenn der andere gerade dabei ist, eine Handlung zu beenden. Doch wenn er gerade angeregt etwas erzählt, dann ist es schon schwieriger. Und wenn er gerade sich einen Bissen in den Mund schieben will, dann umso mehr. Ich habe viel gelacht mit meinem Geliebten, als wir diese Meditation gespielt haben. Und sie hat mir immens geholfen.

die bewusstheit auf die bewegungen des körpers lenken

auch unsere Bewegungen sind automatisiert und es ist eine schöne Meditation, die Bewegungen des Körpers bewusst zu betrachten. Wenn wir auf der Straße gehen, schauen wir einfach nur zu, wie sich die Beine bewegen. Wenn wir die Hand heben, dann schauen wir einfach zu, wie sie sich hebt. Wir schreiben einen Brief und beobachten, wie die Hand den Stift führt. Wir sind unbeteiligt dabei, schauen nur zu.

Falls diese Meditation zu kompliziert ist, dann sollte man es lassen. Es geht nicht um eine Spaltung des Bewusstseins, es geht um eine Entspannung und Sehen der Wahrheit. Dann wäre eine ähnliche Meditation besser:

bewegungen bewusst ausführen

Normalerweise bewegen wir uns unbewusst. Wir haben einen Automatismus, der unsere Bewegungen steuert. Doch Meditation bedeutet Bewusstheit. So können wir mit kleinen Dingen lernen, uns bewusst zu bewegen. Zum Beispiel heben wir eine Hand und tun das so, dass wir uns jede 10tel Sekunde dabei bewusst sind, dass wir die Hand heben. Beim Schreiben ziehen wir die Striche ganz aufmerksam, beim Gehen machen wir einen Schritt vor den anderen in einer wachen und bewussten Weise.

ins hara gehen

Das Hara ist unser Zentrum im Bauch, etwa zwei Finger unter dem Nabel, Innen gelegen. Der Ort variiert von Individuum zu Individuum, doch ungefähr dort befindet sich das Hara. Es ist eine schöne, zentrierende Meditation, sich den Tag über oder auch in einer Sitzung, an das Hara zu erinnern und dort hin zu spüren. Wenn wir sitzen, dann können wir uns nach Innen bewegen und wie in einen Brunnen von obenin uns hinein schauen. Unten ist das Hara, unser Zentrum.

sitzen oder liegen und beobachten

Eine sehr schöne Meditation ist, sich hinzusetzen oder sich hinzulegen und dann zu entspannen. Tief entspannen und die Gedanken, Gefühle beobachten, ihnen zuschauen, wie sie kommen und gehen. Die Hauptaufmerksamkeit liegt nicht bei ihnen, sondern bei der Entspannung.

spiele mit deiner bewusstheit

Wann immer du kannst, lass dir einfache Spiele für deine Bewusstheit einfallen. Zum Beispiel sitzt du im Auto und nimmst dir vor, keine Werbeplakate auf beiden Straßenseiten anzuschauen. Und das für eine bestimmte, festgelegte Zeit. Oder du hast einen Job, in dem du viele Treppen steigen musst. Dann kannst du dir zum Beispiel die Aufgabe stellen, immer wenn du die Treppen hochgehst, bewusst von eins bis fünf zu zählen und wieder von vorne anzufangen oder ein Lied zu singen. Oder du gibst dir die Aufgabe, beim Treppensteigen nur deine Fußsohlen zu spüren und auf die Füße zu schauen, den Kopf nirgendwo anders hin zu drehen. Oder du hast einen Job am Computer und immer wenn du ein anderes Fenster öffnest, sagst du innerlich Ja. Es gibt viele Möglichkeiten, die Spaß machen.

Ein Spiel mit der Bewusstheit hat große Auswirkungen auf deine Intensität, auf deine Integrität, auf deine Zentrierung. Sei einfach entspannt und folge deinen Ideen.

zentriere dich auf dein drittes auge oder beobachte entspannt deine nasenspitze

So oft wie du dich erinnerst, zentriere dich auf dein drittes Auge, das sich in der Mitte deiner Stirn, zwischen den Augenbrauen oder etwas höher befindet. Beide Augen müssen ihre Energie gleichzeitig von Innen dorthin schicken, so kannst du es mit deiner Bewusstheit berühren. Indirekt geht dies auch, wenn du deine Nasenspitze entspannt und leicht beobachtest, vielleicht zwanzig Minuten lang. Diese Meditation hat eine äußerst heilsame Auswirkung auf dein Gehirn, neben vielen anderen Vorzügen. Sie balanciert deine beiden Gehirnhälften aus, denn nur, wenn deine beiden Augen gleich stehen, also nicht von der einen Seite zur anderen wandern, kannst du dich im dritten Auge zentrieren. Dann bist du in der Mitte, deine beiden Seiten sind ausgeglichen.

achte auf deinen atem

du kannst auf deinen Atem achten, wie er durch die Nase ein- und ausströmt, oder du kannst auf ihn achten, wie er die Bauchdecke hebt und senkt. Bleibe bei deinem Atem, in einer ganz lockeren und entspannten Weise. Gehe immer wieder zu ihm zurück, wenn du in Gedanken gefallen bist.

Mache keine Konzentration, sondern eine Meditation, also eine offene Angelegenheit daraus. Das wird dir helfen, von den Umtrieben des Denkens wegzukommen und du wirst im Atem wie eine Boje im Meer des Geistes finden, an der du dich anhalten kannst. Er führt und hält dich durch jede Widrigkeit.

Horst trifft seinen alten Freund nach Jahren wieder.
"Erich? Erich, bist das du?" fragt Horst. "Ich habe gehört, dass du ziemlich reich geworden bist."
"Ich kann nicht klagen," antwortet Erich. "Ich habe ein Haus in der Stadt, ein Anwesen auf dem Land, zwei Porsche, eine Frau und drei Kinder, verschiedene Geschäfte und viele gute Investitionen."
"Das klingt ja toll," sagt Horst, "aber letzten Endes frage ich mich, was kannst du mit all dem Geld tun, was ich nicht auch machen kann? Wir essen beide, schlafen und trinken – was gibt es sonst im Leben?"
"Das nennst du Leben?" antwortet Erich. "Ich stehe auf, habe ein enormes Frühstück, dann lege ich mich auf meine Veranda. Danach spiele ich eine Runde Golf und komme dann zurück zu einem großen Mittagessen. Nach dem Mittagessen lege ich mich wieder auf meine Veranda. Später, wenn ich Lust dazu habe, hole ich meinen Chauffeur und lasse mich zu einer Cocktail-Party fahren. Am Abend gibt es ein fülliges Abendessen, dann lege ich mich wieder auf meine Veranda. Später fahre ich ins Theater – komme wieder zurück und lege mich auf meine Veranda."
"Das ist wundervoll," begeistert sich Horst. "Und all das ohne zu arbeiten!"

An diesem Abend zu Hause erzählt Horst seiner Frau alles über Erich. Als er Erichs Frau erwähnt und die drei Kinder, unterbricht ihn seine Frau.
"Wie heißt seine Frau?" fragt sie.
"Ich weiß nicht," antwortet Horst. "Aber ich glaube, sie heißt 'Veranda'!"

eventuelle schwierigkeiten bei der meditation

viele gedanken, unruhe

Wenn wir meditieren, erscheint es uns anfangs, dass wir dabei mehr Gedanken haben und unruhiger sind, als in unserem normalen Zustand. Das ist nicht so. Es ist eine Täuschung. Im normalen Leben denken wir ununterbrochen, wir sind uns dessen nur nicht bewusst. In der Meditation fällt es uns das erste Mal auf, wie unruhig unser Geist ist. Am besten fahren wir mit den dynamischen Meditationen fort, die Osho speziell für dieses Problem kreiert hat: die dynamische Meditation, Kundalini, Nataraj, Nadabrahma, Gourishankar, Mandala, Whirling und andere. Stilles Sitzen bringt unsere Unruhe nur noch mehr zu Tage und das kann uns überwältigen. Um dies zu vermeiden, sind die bewegten Meditationen geeigneter.

Wenn wir eine Weile meditiert haben, kommt noch einmal ein Zustand von vielen Gedanken und Gefühlen. Das liegt daran, dass sich langsam das Unterbewusstsein öffnet, das wir so lange verschlossen hielten. Vieles kommt hoch. Auch hier empfehle ich, weiterzumachen, in einer weichen und freundlichen Art sich selbst gegenüber und möglichst unberührt davon zu bleiben. Manchmal ist es eine Hilfe, es als Notwendigkeit zu verstehen. Denn es kommt und geht auch wieder, es ist nur eine Frage der Zeit und des Zuschauens. Die Spannungen werden sich wieder auflösen. Dafür ist die Meditation schließlich auch da, dass sie uns befreit von allem, was wir unterdrückt haben und was uns immer wieder in Schwierigkeiten bringt. Sie öffnet die Türen weit auf und wir sehen es, was wir verdrängt haben. Das ist manchmal unangenehm, doch sicherlich notwendig, um heil zu werden. Wenn wir es als Übergang verstehen, dann hilft uns das, es nicht so wichtig zu nehmen.

schmerzen

Manchmal gibt es schmerzvolle Momente in der Meditation. Das hat mit dem Ablösungsprozess zu tun, der geschieht. Wir halten normalerweise bestimmte Energien fest und in der Meditation fallen diese Anhänglichkeiten durch die Macht des Zuschauens. Etwas Neues kommt in unser System und das verursacht auch neue Energiebahnen, die wir noch nicht gewohnt sind. Bereiche, die bisher schliefen, werden nun aufgeweckt und andere Bereiche, die immer sehr aktiv in unserem System waren, werden beruhigt. Durch das Feuer des Beobachtens geschieht eine Umstrukturierung. Und das bildet manchmal Schmerzen im Körper, manchmal auch in der Psyche, wir haben vielleicht Depressionen oder Wut in uns, manchmal bilden sich wilde Gedanken. Dies ist als Übergang zu betrachten und für uns ist es daher gut, die Meditation trotzdem weiter fort zu führen. Eine innere, spielerische Disziplin wird dabei helfen, den Verwandlungsprozess leicht durchzustehen.

Osho sagt dazu in etwa: Es ist, wie wenn man eine Zwiebel schält, Schicht um Schicht fällt. Und dabei fliessen Tränen.

müdigkeit

Gelegentlich erfasst uns beim Meditieren eine bleierne Müdigkeit. Osho sagt dazu sinngemäß, dass wir der Weisheit des Körpers vertrauen sollen. Wenn wir uns nicht mehr aufrecht halten können, dann ist es angemessen, sich hinzulegen und zu schlafen. Der Körper weiß es besser als wir, was er braucht.

Mir ist es lange passiert, dass ich immer wieder mich hinlegen musste bei der Meditation. Ich konnte kaum noch sitzen, nach einer bestimmten Zeit überwältigte mich diese bleierne Müdigkeit. Das ging über ein paar Jahre hinweg so. Dann hat sich dies plötzlich geändert. Seitdem habe ich eine entspannte Wachheit an mir. Nur selten kommt die Müdigkeit wieder. Freunde von mir werden nie müde in der Meditation, andere fallen schon beim ersten Ton wie in ein Koma. Es ist wie immer eine individuelle Sache, was der Körper benötigt.

langsamkeit, nicht mehr so gut funktionieren können

Meditation bedeutet, dass wir beginnen, unsere Handlungen nicht mehr automatisch und gewohnheitsmäßig, sondern bewusst zu machen. Es ist wie die Geschichte von dem Tausendfüßler:

"Onkel," fragt das Kaninchen den Tausendfüßler, "wie machst du das, dass du mit deinen vielen Beinen nicht durcheinander kommst?" "Ach, das ist ganz einfach", antwortet der Tausendfüßler und zeigt es dem Kaninchen. Doch als er loslaufen will, stürzt er hin und verknotet sich mit all seinen Beinen. "Frag mich das nie mehr!" sagt er zu dem Kaninchen, "nie mehr! Bisher hab ich´s immer gekonnt und nun weiß ich nicht einmal mehr, wie ich anfangen soll zu gehen!"

Wir werden zunächst nicht mehr so effektiv, wenn wir uns deautomatisieren und vielleicht ergeht es uns wie dem Tausendfüßler, dass wir alles neu lernen müssen. Meditation kann uns in unserer Arbeit in Probleme bringen, denn wir funktionieren nicht mehr so gut, wie wenn wir automatisch handeln. In unserer Leistungsgesellschaft wird Langsamkeit verurteilt und mit diesem Gegensatz müssen wir leben. Seit Kindheit an sind wir darauf gedrillt worden, effektiv und schnell zu sein, und so wird uns diese neue Art des Seins vielleicht ganz neue Aspekte des Lebens zeigen: Die Wertschätzung der Langsamkeit und der bewussten Handlung. Dies hat das Gute, dass wir nicht mehr bereit sind, uns zum Roboter machen zu lassen und vielleicht wechseln wir die Arbeit. Oder wir spielen mehr, wir spielen das bewusste, schnelle, effektive Verhalten in unserer Arbeit und entautomatisieren uns auch in dieser Weise.

selbstbezug, ichzentrierung

Wenn wir in der Meditation das Beobachten lernen, dann kann leicht eine problematische Art von Selbstbewusstsein entstehen. Wir haben unsere Aufmerksamkeit auf uns und das bremst den natürlichen Fluss. Es ist ein Trick, bei sich zu sein und sich zuzuschauen und doch nicht in dem negativen Selbstbewusstsein gefangen zu werden. Entspannung ist dabei wieder einmal das A und O. Wir können unsere Offenheit für die Welt trotzdem behalten, auch wenn wir uns auf unser Sein zentrieren, und diese Offenheit ist auch wichtig. Sich auf sich zu beziehen ist eine wunderbare Sache, doch muss die Bereitschaft für die Welt im Außen erhalten bleiben. Zorba, der Buddha, beide Elemente spielen miteinander. Die Welt und die Meditation. In der Meditation gibt es die Gefahr einer ichbezogenen Einseitigkeit, die zugleich ein Abschluss ist. Die Existenz kann nicht mehr in uns einfließen, denn wir schließen uns ab von den äußeren Energien. Wenn wir uns dieser Ichbezogenheit bewusst sind, und uns für die Welt öffnen, kommen unsere Energien auch wieder in Fluss.

eine erhöhte empfindsamkeit

durch Meditation werden alle unsere Sinne geschärft. Wir werden empfindsamer in jeder Hinsicht. Spannungen bemerken wir viel früher als andere Menschen, Gifte und Lärm spüren wir sofort als einen Angriff auf unser System. Durch unser Zuschauen wird alles wie vergrößert und so nehmen wir auch die schädlichen Einflüsse der Umwelt auf uns sehr viel deutlicher wahr als früher, als wir noch nicht meditierten. Es wird zu einer Herausforderung, in dieser groben, unsensitiven Welt zu überleben. Doch zugleich ist sie auch eine Herausforderung für unsere Meditation. Denn

Meditation harmonisiert die Gegensätze. Wir spüren die Schwierigkeiten zwar mehr, doch je mehr wir im Zuschauen verankert sind, desto mehr können wir auch da entspannen. Unsere Meditation wird Wege finden, mit dieser unsensiblen Welt zurechtzukommen, wir können darauf vertrauen.

Zwei Ratten unterhalten sich in einem Labor durch die Gitterstäbe ihrer Käfige hindurch.
"Sag mir", sagt die erste Ratte, "wie kommst du mit Professor Frauenstein zurecht?"
"Ziemlich gut," antwortet die zweite Ratte. "Es dauerte eine Weile, aber jetzt habe ich ihn trainiert. Immer wenn ich die Glocke läute, bringt er mir mein Essen!"

die unlust zum smalltalk

Ein Meditierer folgt dem Wesentlichen, er öffnet sich für existenzielle Energien, er lebt mit der Stille. Daher hat er Schwierigkeiten, mit dem gewöhnlichen Smalltalk seiner Umgebung mitzumachen und ihn zu ertragen. Das Geplauder und unwichtige Gerede der meisten Menschen bringt ihn dazu, sich von ihnen abzugrenzen. Es geschieht ganz natürlich, dass seine Kontakte weniger werden. Ehemalige Freunde verlassen ihn, weil sie seine Stille als unangenehm empfinden, er sucht auch keine Kontakte zu ihnen, denn er ist mit sich alleine zufrieden. Er verliert das Interesse an den Menschen.

Osho empfiehlt in so einer Situation, absichtlich einen höflichen und kreativen Smalltalk zu führen, der eine reine

Formalität ist, so dass die Kontakte bestehen bleiben. Ein bisschen Schauspielern ist dabei die richtige Einstellung. Dies hat außerdem noch den Effekt, dass die Bewusstheit gefördert ist, dass es zu einem Spiel für den Meditierer wird.

die schwierigkeit, ein nichts und niemand zu sein

Von klein an wird uns eingeimpft: Werde etwas, sei etwas besonderes, werde Arzt, Ingenieur, Professor, Präsident, jemand Wichtiges und Respektables. Es ist tief in unserem System verankert, dass wir eine schillernde und wichtige Persönlichkeit werden müssen, um zu überleben. Durch Meditation, in der wir nur zuschauen auf alles, was ist, fällt plötzlich dieser Anspruch und wir werden zu einem Niemand, einem Nichts. Von der einen Seite her gesehen, ist das das Beste, was uns passieren kann, denn nur so kann die Existenz ihr Lied durch uns singen. Doch von der Seite der Gesellschaft her, ist das eine Katastrophe. Es muss nicht so sein, dass wir deshalb in der Gosse landen und nur noch Hilfsarbeiter werden können, wenn wir meditieren, nein, denn die Meditation fördert auch unsere Intelligenz. Wir finden eher unseren Platz in der Gesellschaft, der uns wirklich erfüllt. Doch sind wir nicht mehr zielgerichtet und unsere Persönlichkeit schwindet dahin.

Der gut aussehende, vor Erfolg strahlende Supermann verwandelt sich erst einmal, bis sich die Wolken verzogen haben, in eine graue Maus. Wenn man meditiert, fällt die Ausrichtung auf eine schillernde Persönlichkeit mehr und mehr weg. Was bedeutet einem die Gesellschaft, wenn man mit der ganzen Existenz erfüllt ist?

Auf dem Weg der Meditation gibt es Stationen, in denen wir uns von den gesellschaftlichen Normen lösen müssen und das ist manchmal schwer. Vertrauen in die Existenz zu haben und dabei gleichzeitig die Vorgaben der Gesellschaft zu erfüllen – das wäre leicht für unser Ich. Doch glücklicherweise geht das nicht zusammmen. So dass wir lernen müssen, uns von den Anforderungen der Gesellschaft zu entfernen und uns von ihnen zu befreien. Wir nehmen die allgemeinen Normen nicht mehr wichtig und entscheiden uns, nur noch aus unserer inneren Führung heraus zu leben. So fallen wir aus dem Kollektiv unserer Kultur heraus. Zuerst ist das bitter, doch dann ist es sehr süß, ich spreche aus Erfahrung.

Ein Niemand zu sein ist anfangs schwierig, doch dann ist es eine Befreiung. Für einen Niemand sind die Wege der Gesellschaft nicht mehr so wichtig, wir handeln aus unserer eigenen Einsicht, unserer eigenen Autorität heraus. Ob dann die Geschäfte laufen oder nicht, ist zweitrangig; beides ist möglich, denn die Meditation steht nicht gegen Geld oder Einfluss. Ein Niemand jedoch, wird sich dem allgemeinen Wettrennen nach Geld, Macht und Prestige nicht anschließen. Wozu? Er ist ein Niemand! Was für eine Befreiung! Er ist in Einklang mit der Existenz und lebt sein natürliches Wesen, was interessiert ihn die Gesellschaft und deren Anerkennung?

eigenartige erlebnisse in der meditation

durch den Loslösungsprozess, der durch die Meditation geschieht, wandelt sich unser System in ein entspannteres, natürlicheres, spontaneres. Dieser Verwandlungsprozess erzeugt manchmal eigenartige Erlebnisse. Wir haben den Eindruck, dass etwas in uns geschieht, was gegen den normalen Verstand geht. Vielleicht sehen wir Lichter oder Farben, vielleicht hören wir auch feinere Töne, vielleicht bilden sich in uns Überzeugungen, die nicht mit dem normalen Verstehen zu fassen sind. Die Zen-Leute sagen: "Am Anfang ist der Fluss ein Fluss und die Berge sind die Berge. Dann kommt eine Phase, in der der Fluss nicht mehr der Fluss ist und die Berge sind nicht mehr die Berge. Und dann kommt die nächste Phase, in der der Fluss wieder der Fluss ist und die Berge wieder die Berge sind."

Es gibt eine Zeit in der Meditation, in der alles scheinbar Kopf steht. Nichts ist mehr so, wie es war, alles scheint andere Bedeutungen zu haben als früher. Das ist ganz normal, schließlich soll sich ja unser System auch ändern, es soll in Einklang mit der Existenz kommen, nicht mit den Wegen der Gesellschaft bleiben, wie bisher. Es ist als hätten wir immer eine Brille aufgehabt, an die wir uns gewöhnt hatten und nun setzen wir sie ab. Es ist klar, dass wir anfangs alles verschwommen sehen und uns schwerer zurechtfinden. Doch wenn wir uns an die neue Sichtweise gewöhnt haben, dann öffnen sich uns die Herrlichkeiten der Natur und der ganzen Existenz.

Am besten entspannen wir uns, wenn uns so etwas geschieht und nehmen es nicht so wichtig. Denn auch solche Erlebnisse sind nur vorübergehende Erscheinungen. Sie sind ebenfalls Objekte, die wir negieren, die wir als nicht wesentlich erkennen. Wir schauen ihnen zu wie allem anderen auch. Sie ziehen mit der Zeit an uns vorüber und die Berge werden wieder zu Bergen und die Flüsse werden wieder zu Flüssen.

nicht wissen

Wenn man meditiert, dann befindet man sich früher oder später wie in einem Meer, nirgendwo kann man sich festhalten, alles bewegt sich, es gibt keine Balken für die Sicherheit. Vieles passiert mit uns, Energien erheben sich in uns und andere rühren sich nicht. Wir verstehen und wissen nicht, warum. Wenn wir unser System so beobachten, dann hätten wir manchmal gerne, dass dies und jenes geschieht, wie Liebe, Freundlichkeit, Anmut etc., doch manchmal kommt genau etwas anderes, von dem wir dachten, wir hätten es längst hinter uns gelassen. Es ist ein energetisches Kommen und Gehen und wir wissen nie, warum nun dies oder jenes da ist. Es ist ein Mysterium in uns. Aus diesem Nicht Wissen heraus müssen wir leben. Wir verstehen die Zusammenhänge nicht, wir haben keine Ahnung, warum unser System so ist, wie es ist. Warum es sich in dieser Weise verändert und warum nicht. Alles was wir tun können, ist, spontan zu handeln. Das gibt uns gelegentlich eine Unsicherheit, wir können nichts fassen, nichts festhalten, nichts begreifen. Wir schwimmen in diesem Meer des Nicht Wissens. Anfangs ist das ungewöhnlich und vielleicht sogar angstmachend. Doch mit der Zeit, wenn wir uns an dieses Gefühl gewöhnt haben, dass wir nichts wissen, dann ist es eine Befreiung. Wir können uns treiben lassen von den Strömungen, die geschehen und vertrauen darauf, dass alles gut so ist, wie es ist.

Auch wenn wir schwierige Momente erleben und an allem zweifeln, können wir uns erinnern, dass alles gut und richtig mit uns läuft. In der Meditation lassen wir los und unsere Energien fließen so, wie die Existenz es will, wir mischen uns nicht mehr ein. Wir kennen die Wege der Existenz nicht, doch wir können darauf vertrauen, dass sie gut sind. Umstrukturierungen müssen passieren, denn bisher haben wir uns von dem kollektiven Denken steuern lassen. Nun öffnen wir uns mit unserem Nicht Wissen für existenzielle Wege. Manchmal ist diese Veränderung für uns schwierig, doch das ist nur ein Übergang vom Wissen zum Nicht Wissen.

"Er sieht so glücklich aus," weint Maria am Sarg ihres Mannes.

"Ja, das tut er," stimmt Herr Schmitt, der Bestatter zu.

"Aber da ist noch etwas," schnieft Maria.

"Und was ist das?" fragt Herr Schmitt mit besorgter Stimme.

"Hm," erklärt Maria, "grün war nie seine Farbe. Ich glaube, er wäre viel glücklicher gewesen, wenn er einen blauen Anzug tragen würde, so wie der Herr in dem anderen Sarg dort drüben."

"Machen Sie sich keine Gedanken," sagt der Bestatter, "ich kann das erledigen, wenn Sie bitte solange in den Warteraum gehen würden."

Es ist noch keine Minute vergangen, da ruft Herr Schmitt Maria schom zurück in den Aufbahrungsraum. Und Martin trägt nun den blauen Anzug des anderen Mannes.

"Das ist wundervoll!" sagt Maria bewundernd,

"wie haben Sie die Anzüge so schnell ausgetauscht?"

"Ich habe sie nicht ausgetauscht," antwortet der Bestatter, "ich habe nur die Köpfe gewechselt."

die segnungen der meditation

kreativität

durch das Zuschauen in der Meditation wird viel Energie frei, die sich in Schaffensfreude ausdrücken will. Egal ob wir etwas malen, komponieren, bildhauern oder tanzen – wir bringen unsere Meditation zum Ausdruck. Die Kreativität kann sich aber auch in alltäglichen Dingen zeigen, wie zum Beispiel in der Komposition eines feinen Essens, der aufmerksamen Art, das Bett zu machen, und harmonisch und kreativ Auto zu fahren.

intelligenz

durch unsere Wachheit und Bewusstheit wird auch gleich unsere natürliche Intelligenz gefördert. Wir sind aufnahmefähiger und können uns leichter auf neue Situationen einstellen. Wir begreifen eher, was nötig ist, zu tun und was besser zu lassen ist. Wir verstehen Zusammenhänge und haben eine bessere Gesamtschau der Dinge.

sensitivität

Unsere Sinne werden feiner und feiner. Dadurch können wir sie mehr genießen. Wenn wir etwas essen, sind uns der Geschmack und der Duft viel bewusster als früher, als wir noch nicht meditierten. Einen meditierenden Menschen erkennt man daran, dass er genießen kann. Die Sonne, den Regen, das Essen, das Trinken, den Sex, die Dusche, das Arbeiten, das Schlafen. Wo immer man sich befindet, man spürt und fühlt deutlicher und ist sich bewusster, was geschieht. Eine Freude, dass uns so viel Schönes geschenkt wird, breitet sich aus.

intensität

ein meditierender Mensch ist intensiv. Er ist gewohnt, sich total in die Meditation einzubringen und das wirkt sich auch in seinem Leben aus. Was immer er macht, er macht es total.

freude

da unsere Sinne so fein geworden sind, können wir auch über viel mehr Freude empfinden als früher. Wir erfreuen uns an uns selbst, die Energien richten sich nicht mehr gegen uns, sondern sie gehen mit uns. Wir erfreuen uns an dem Tag, der uns geschenkt wird, an jedem Moment, der uns beglückt.

ästhetik

Wenn wir meditieren, fallen viele Schichten von uns ab. Zurück bleibt ein sensibler, einfühlsamer Mensch, der nichts Unästhetisches machen würde. Meditierende Menschen haben eine Vorliebe für Sauberkeit, Hygiene, für Schönheit und Anmut. Dies ergibt sich von selbst.

eine ordnung kommt ins leben

durch das Beobachten des eigenen Systems entsteht von selbst eine Ordnung. Sie breitet sich ins ganze Leben aus, die Beziehungen kommen in Ordnung, die Lebensumstände werden klarer.

ruhe und gelassenheit

Eine gewisse Ruhe und Gelassenheit geschieht in der Meditation. Das ganze System beruhigt sich, wird entspannt und eine innere Fröhlichkeit und Heiterkeit kann daraus entstehen.

lachen

Je gelöster unsere Spannungen sind, umso mehr kommt das Lachen zu uns. Je weniger wir mit unserer Enge identifiziert sind, umso besser können wir lachen. Humor gehört zur Meditation dazu.

glückseligkeit

Es ist ein Wunder, denn je leerer wir werden, desto glückseligere Momente geschehen uns. Dies setzt sich fort, so dass wir konstant mit Glückseligkeit beglückt werden.

dankbarkeit

Eine große Dankbarkeit breitet sich in uns aus für alles, was uns geschenkt wird. Die kleinen Dinge des Lebens, wie Tee trinken, Baden, Fahrradfahren in der Sonne...all dies erfüllt uns mit Dankbarkeit.

und vieles mehr....

Ein Haiku:
Choshu schrieb:

Der Mond im Wasser
Immer wieder gebrochen
Und doch ist er da.

meditationen
und andere vorschläge
für eine begegnung mit dem tod

meditationen

ausatmen

das Leben entspricht dem Einatmen, der Tod dem Ausatmen. Setze dich für eine viertel Stunde hin und atme nur aus. Der Körper wird von selbst wieder einatmen, du hast dein Augenmerk auf dem Ausatmen. Atme lange und ruhig aus und schließe die Augen dabei. Gehe nach Innen beim Ausatmen. Wenn dein Körper wieder einatmet, öffne die Augen und gehe nach Außen mit deinem Bewusstsein. Ausatmen entspricht dem Tod und nur dann kann man nach Innen gehen. Wenn man einatmet, geht das nicht. Kreiere einen Rhythmus zwischen dem Aus- und Einatmen und du wirst sehr entspannt dabei werden.

lass dich verbrennen, einäschern

lege dich hin – sei wie eine Leiche. Sei entspannt, fürchte dich nicht vor dem Tod, sondern heiße ihn willkommen.

Habe deine Aufmerksamkeit auf die Zehen gerichtet und beginne dort, dich von dem Feuer verbrennen zu lassen. Gehe langsam nach oben weiter, dein Körper verschwindet mehr und mehr, da wo er zur Asche verbrannt wird. Du schaust nur zu, du bist der Beobachter auf dem Hügel, weit entfernt von dem, was geschieht.

Diese Meditation kann man für drei Monate machen, so wirkt sie am besten. Es ist gut, jedes Mal als Vorbereitung die Meditation "Ausatmen" zu machen. Diese Meditation entspannt sehr, so dass man es besser zulassen kann, zu verbrennen, zu Asche zu werden. Auch ist es hilfreich, schon einmal eine Verbrennung gesehen zu haben, daher sollte man auf Verbrennungen gehen und sie sich anschauen.

die vier schritte

lege dich hin, vielleicht vor dem Einschlafen. Entspanne zuerst deinen Körper. Von den Zehen zum Kopf. Lasse ihn einfach nur daliegen, wie eine Schale um dich herum. Bringe deine Aufmerksamkeit nach Innen. Mach keine Anstrengung daraus, lasse es geschehen.

Nach ein paar Minuten entspanne dein Atmen. Lass es sich beruhigen.

Nach weiteren Minuten entspanne deine Gedanken.

Und dann bleibe zehn Minuten lang still. Diese Phase ist die wichtigste. Hier sei in der tiefen Stille, sei nach Innen gekehrt.

eine einladung an den tod

Sitze oder liege und lade den Tod einfach ein, zu kommen.

Umarme ihn, heiße ihn als deinen Gast willkommen. Akzeptiere ihn mit Entspannung und lasse ihn tief in dich einsinken.

gehe über den tod hinaus

Habe das Gefühl, als ob der Körper stirbt. Schließe die Augen und beginne zu fühlen, dass du stirbst. Dein Körper wird schwer wie Blei werden. Wenn der Moment kommt, an dem du das Gefühl hast, dass du nun wirklich stirbst, dann vergiss plötzlich den Körper und gehe über den Tod hinaus.
Vergiss, dass du stirbst, und werde zum Beobachter und Zeuge des Körpers.

ergebung in die existenz

Ergib dich der Existenz und sage: "Was immer auch passieren will, soll geschehen."

ein zeuge sein

Sei in deinen alltäglichen Aktivitäten ein Zeuge, ein Zuschauer, kein Erfahrender. Sei nicht empfänglich für die Situationen, die dir begegnen, sondern sei wie ein Spiegel. Beobachte alles, spiegele alles wider, doch erfahre nicht. Wenn du dir zum Beispiel Essen kochst, dann schaue zu, wie du es machst, bleibe Zeuge, auch beim Essen, schaue einfach zu, wie du isst. Dieser Moment von Aufmerksamkeit wird zu einem Moment der Meditation.

den körper von innen erfahren

Schließe deine Augen und versuche zu fühlen und zu erfahren, was der Körper von Innen ist. Spüre ihn von Innen. Erforsche ihn von Innen.

das ausfließen deiner stärke

lege dich hin und nimm an, dass du allmählich deiner Stärke beraubt wirst. Sie wird dir von allen Seiten abgesaugt. In dem Moment, wo du fühlst, dass jegliche Stärke in dir ausgeflossen ist, gehe über diesen Zustand hinaus. Sei ein Zuschauer, ein Zeuge, werde zum Beobachter.

hypnose

Es gibt in der Welt von Osho mehrere Hypnosenkassetten mit unterschiedlichen Themen. Alle sind als Einstimmung für den Tod geeignet, selbst wenn es zum Beispiel um Partnerschaft geht, denn sie führen alle in eine Tiefenentspannung.

Besonders empfehle ich jedoch:

relaxing the body/mind

diese Hypnose Kassette ist die oben genannte Vier Schritte Meditation, die Osho als Vorbereitung auf den Tod entwickelt hat. Gopal spricht sie zusammen mit Musik.

Die Meditation geht sehr tief. Leider kann man sie bisher nur auf englisch erwerben, doch die Sprache ist einfach zu verstehen. Ich empfehle diese Hypnosekassette besonders. Vor dem Schlafengehen angehört, erlöst sie von allen Spannungen, die sich über den Tag angesammelt haben.

body-mind balancing mit CD

Hier handelt es sich um eine Hypnose, auf deutsch gesprochen, die auf englisch "Talking to the Body-/Mind" heißt. Es geht darum, dem Körper freundlich zu begegnen und ihm zu danken für all seine Dienste, die er für uns geleistet hat. Diese Hypnose hat eine sehr heilsame Auswirkung auf unser ganzes System. Sie wurde von Osho in seinen letzten Tagen entwickelt.

maneeshas hypnose

Maneesha hat eine Gruppe über den Tod ausgearbeitet, in der sie auch eine Hypnosekassette abspielt, die sie selbst aufgenommen hat. Diese Hypnose geht sehr tief. Sie wird von ihrer sanften Stimme in einfachem Englisch gesprochen. Die Gruppe, auch mit Übersetzer, kann ich sehr empfehlen für alle, Sterbende wie Freunde. Auch begleitet Maneesha auf Wunsch Sterbende individuell in den Tod. Sie hat eine bestimmte Technik entwickelt, die dem Bardo der Tibeter ähnlich ist. Um zu erfahren, wo und wann Maneesha Gruppen hält, wie sie zu erreichen ist und wo diese Hypnosekassette erhältlich ist, kann man bei *www.maneeshajames.com* nachschauen.

den tod betrachten

Wann immer es geht, sollten wir dem Tod begegnen und ihn anschauen. Vielleicht bietet sich eine Gelegenheit, einen Toten und dessen Verbrennung oder auch dessen Begräbnis zu sehen. Denn dies hilft uns, uns daran zu erinnern, dass wir selbst auch bald in diesem Zustand sein werden.

Eine weitere Möglichkeit ist, sich Tierfilme anzuschauen, in denen zum Beispiel Löwen Gazellen reißen und fressen. Dem Tod bewusst ins Auge blicken, kann man auch über solche Art von Filmen. Die Natur zeigt sich immer wahr; Spielfilme dagegen, würde ich mir nicht anschauen, die Lüge und Verzerrung ist dort schon die Grundvoraussetzung. Dokumentarfilme sind manchmal auch eine gute Quelle, dem Tod ins Auge zu blicken, das kommt darauf an.

bücher

diese Bücher möchte ich zu diesem Thema besonders hervorheben:

Tod – der Höhepunkt des Lebens
And Now and Here, Vol. I und II
(bisher nur in englisch)
Osho über Leben und Sterben

Alle Bücher sind von Osho.

Der große Filmstar Bonk Honk geht in die Lobby eines exklusiven Hotels und stößt mit seinem Ellbogen versehentlich an die Brust der aufreizenden Gloria.

"Es tut mir wirklich schrecklich leid," entschuldigt sich Honk höflich, "aber wenn Ihr Herz so weich wie Ihre Brüste sind, dann werden Sie mir sicher verzeihen."

"Schon in Ordnung," antwortet Gloria, "und wenn der Rest von Ihnen so hart wie Ihr Ellbogen ist, dann finden Sie mich in meinem Zimmer, Nummer 116!"

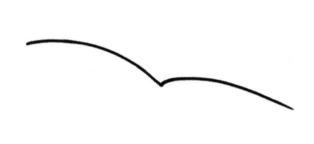

Kapitel

Hinweise für den Sterbenden und den Wegbegleiter

7

Hinweise für den Sterbenden und den Wegbegleiter

die Wahrheit kann man nicht erzählen, jeder muss sie selbst herausfinden. Jeder muss seine eigenen Erfahrungen machen und so verstehen, was die Wahrheit ist und was nicht. Meine Hinweise bitte ich als Vorschläge zu verstehen, die jeder für sich überprüfen muss, ob sie für ihn richtig sind. Wir sind alle Individuen und so kann es sein, dass die folgenden Ratschläge für bestimmte Menschen unpassend sind. In diesem Falle ist es sinnvoll, sie fallen zu lassen und sich dem Individuum anzugleichen. Die Entspannung eines Sterbenden ist von größter Wichtigkeit. Was immer ich auch sage – solange es der Entspannung des Sterbenden dient, ist es hilfreich. Tut es das nicht, dann sollte man meine Vorschläge über den Haufen werfen. Vielleicht ist es auch gut, was ich sage auf sich wirken zu lassen,und dann völlig losgelöst davon und sich selbst vertrauend zu handeln, als Sterbender wie als Wegbegleiter.

hinweise für den sterbenden

Ein Haiku:
Basho schrieb:

Einsam ist mein Weg!
Keiner kommt hier vorbei, nur ich,
Spät heute im Herbst.

**alles ist in ordnung,
kein grund für panik,
Sie sterben nur**

Milliarden von Menschen sind vor Ihnen gestorben und Milliarden von Menschen werden nach Ihnen sterben. Der Tod ist nichts Unnormales oder Ungewöhnliches oder gar etwas, das es zu fürchten gäbe. Es ist alles in Ordnung, es gibt keinen Grund, in Panik zu geraten, verzweifelt zu sein oder sich zu fürchten. Das Haus, das Sie bewohnten, ist nun baufällig geworden, überall klappert es und es besteht Einsturzgefahr. Sie verlassen nur das eine Haus, ihren Körper, und ziehen bald in ein neues um. Sie sind bereit und warten auf den Zeitpunkt, an dem der Umzug passieren soll. Vielleicht sind Sie noch ein wenig wehmütig und schauen sich um und finden alte Möbel, an die Sie sich gewöhnt hatten. Doch im neuen Haus können Sie diese gar nicht gebrauchen, Sie müssen sich von ihnen verabschieden. Machen Sie sich so oft wie nur möglich bewusst, dass Sie nicht sterben. Sie verlassen nur Ihr Haus. Oder man könnte auch sagen, Sie tauschen Ihre Kleider aus. Die Schale um Sie herum zerbricht. Doch Sie bleiben der, der Sie sind.

So unspektakulär ist das Sterben. Vielleicht können Sie Ihre Aufmerksamkeit bewusst darauf lenken, was mit Ihrem Körper geschieht, vielleicht auch nicht. Jedenfalls ist alles in Ordnung, Sie sterben nur, so wie viele andere. Auch ich, der ich Ihnen Ratschläge gebe, werde bald an Ihrer Stelle sein. Es ist sehr beruhigend zu wissen, dass das Sterben nichts Schmerzhaftes oder Furchterregendes ist, dass es ein natürlicher Prozess ist. Es gibt keinen Grund sich aufzuregen oder sich zusammenzuziehen. Alles ist gut, seien Sie zutiefst beruhigt. Selbst wenn Sie Schmerzen haben sollten, so sind dies einfach nur Umzugsprobleme, Reaktionen auf Veränderungen im Körper. Im Grunde ist das Sterben schön. Es ist etwas Anmutiges, Freudiges, Entspannendes, was man mit einem offenem Ja begrüßen kann. Eine 180°-Drehung ist notwendig. Heißen Sie das Sterben willkommen, seien Sie offen für den existenziellen Prozess, der Ihnen geschieht. Sie sind eingebunden in einen natürlichen Ablauf und der ist erhebend und mysteriös. Feiern Sie jeden Moment, so wie es geht.

den atem beobachten

Wenn es Probleme gibt, irgendwelcher Art, sei es, dass Sie beunruhigt sind, sei es, dass etwas Eigenartiges mit Ihnen passiert, sei es, dass Sie sich unwohl fühlen, dann beobachten Sie Ihren Atem. Schauen Sie zu, wie er durch die Nase einströmt und wieder ausströmt. Oder wenn Ihnen das leichter fällt, beobachten Sie, wie sich Ihr Bauch durch den Atem hebt und senkt. Durch Ihre Aufmerksamkeit auf das Atmen lenken Sie sich von der Schwierigkeit ab und können daher leichter entspannen und beruhigt sein. Was immer passiert, der Atem ist wie ein Anker, an dem Sie sich festhalten können. Er geht immer ein und aus, was auch kommt.

Auch falls Sie sich langweilig fühlen, kann es schön sein, bei dem Atem zu bleiben. Eine Kraft breitet sich aus, wenn man den Atem beobachtet.

liebe aussenden

fühlen Sie, wen Sie lieben. Es ist egal, ob er bereits verstorben ist, ob er nicht da ist und an einem anderen Ort wohnt, oder ob er neben Ihnen sitzt. Fühlen Sie Ihre Liebe zu einer Person und senden Sie sie zu ihr aus. Es wird die geliebte Person treffen, ob Sie selbst das spüren oder nicht. Das Aussenden der Liebe allein ist das Wesentliche. Die Liebe ist Teil des Sterbens, sie gehört dazu, sie fließt in diesem Prozess mit. Verteilen Sie sie so viel wie nur möglich, so intensiv, wie nur möglich. Sie wird nicht nur den Geliebten erfüllen, sondern auch Sie. Senden Sie Ihre Liebe weit und breit zu allen Personen, die Sie lieben.

feiern Sie mit lebenslust bis zum schluss

Sterbende Grille
Wie voller Leben
Ihr Lied.

In diesem Haiku wird es wunderschön ausgedrückt: Bis zum Tod ist die Energie des Feierns da. Wenn Sie sich schwach und krank fühlen, ist das eine Sache, doch gleichzeitig gibt es immer die Möglichkeit, auch lebenslustig zu sein. Wenn Sie noch tanzen können, dann legen Sie sich fröhliche Musik, vielleicht mit Trommeln auf, und tanzen Sie Ihre Freude am Leben und Ihre Dankbarkeit. Oder Sie liegen im Bett und genießen den Moment: Vielleicht das Essen, das Ihnen gereicht wird, vielleicht, die Musik, die Sie hören, vielleicht das Scherzen mit einem Freund. Sagen Sie weiterhin Ja zum Leben und zu den Prozessen, die geschehen. Das Sterben und der Tod ist Teil des Lebens, in gewisser Weise gibt es nur das Leben zu feiern. Es wird ein Übergang geschehen, doch das Feiern hört nicht auf. Wenn Sie nicht mehr mit dem Körper feiern können, dann setzen Sie Ihre Lebenslust im Geiste fort.

was immer Sie entspannt, sollten Sie unterstützen

Vertrauen Sie auf Ihre spontanen Eingebungen. Ihre Impulse sind richtig, Sie können sich Ihrer sicher sein. Wenn Sie sich als Ergebnis entspannen, körperlich, geistig, seelisch, dann können Sie es weiter verfolgen. Welche Situationen Sie erleben, achten Sie darauf, dass Sie Ihnen Spaß machen.

Olga Kowalski wacht eines Morgens spät auf. Ihr Haar ist voller Lockenwickler, ihre Augen sind geschwollen und ihr Gesicht trägt noch eine Schlammpackung von der letzten Nacht.

In einem alten Bademantel und mit kaputten Hausschuhen schlurft sie die Treppen hinunter in die Küche. Dort sieht sie vom Küchenfenster aus, wie das Müllauto gerade wieder die Straße hochfährt. Sie packt ihren Abfallsack, rennt aus dem Haus und versucht, den Wagen noch zu erwischen. Atemlos fragt Olga einen der Müllmänner: "Bin ich schon zu spät?"

"Nein, meine Dame," antwortet der Mann, "springen sie nur hinein!"

lassen Sie nichts unerfüllt

fragen Sie sich: was möchte ich noch erleben? Was könnte mir noch gefallen? Was soll noch passieren? Gibt es etwas, das unerfüllt in mir schlummert? Habe ich zum Beispiel denjenigen, die ich liebe, gesagt und gezeigt, dass ich sie liebe? Habe ich vielleicht einen Fehler begangen, für den ich mich entschuldigen möchte; gibt es etwas, das noch zu tun ist inmeinem verbleibenden Leben in diesem brüchigem Haus? Sie sollten so befriedigt sein, dass Sie jeden Moment ohne Festhalten gehen können. Verabschieden Sie sich von Ihren Freunden, von Ihrer Umgebung, feiern Sie ein Abschiedsfest. Ist Ihnen das wegen der Umstände nicht möglich, so können Sie das auch innerlich machen. Haben Sie jemanden verletzt und Sie können denjenigen nicht erreichen, so kommt die Entschuldigung auch bei ihm an, vielleicht nicht bewusst, doch auch, wenn Sie aus dem Herzen um Verzeihung bitten. Lieben Sie jemanden, dem Sie sich niemals getraut haben, Ihre Liebe zu gestehen, dann tun Sie es jetzt. Wenn Sie können, dann direkt, wenn Sie es nicht können, dann innerlich. Schicken Sie ihm Ihre Liebe. Was immer für unerfüllte Sehnsüchte in Ihnen schlummern, versuchen Sie, sie zu erfüllen. Leben Sie die letzten Tage Ihres Seins in dieser Welt aus vollem Herzen, freudig und intensiv. Genießen Sie Ihre Tage und erfüllen Sie alle Ihre Wünsche.

suchen Sie das alleinsein

Im Sterben zieht sich Ihr Bewusstsein aus dem Körper nach Innen zurück. Es kristallisiert sich zur Essenz. Heißen Sie diesen Prozess willkommen. Er wird Sie aus der Peripherie nach Innen bringen, weg von den Leuten und den Situationen um Sie herum. Sie werden sich tendenziell mehr und mehr zurückziehen und das hat seinen Sinn. Suchen Sie das Alleinsein, geniessen Sie es, erfreuen Sie sich daran. Ihre Innerlichkeit wird Sie zum Wesentlichen Ihres Seins bringen, alles Un-wesentliche wird fallen. Ganz natürlich kommen Sie in den Zustand der Meditation.

versuchen Sie wach und bewusst bis zum schluss zu sein

Von Anfang an ist es notwendig, ein aufmerksames und waches Leben zu führen. Seien Sie bewusst über die kleinen Dinge, die Ihnen geschehen, wie zum Beispiel das Essen schmeckt, wie Sie es essen, was passiert mit Ihnen. Wenn möglich seien Sie bis zu Ihrem Tod wach und aufmerksam. Das hätte eine große Glückseligkeit für Sie zur Folge. Ist dies jedoch nicht möglich – die meisten Menschen werden unbewusst im Tode – dann macht das auch nichts. Wenn es nicht geht, dann geht es eben nicht. Doch seien Sie sich darüber klar, dass für den Prozess des Todes ein waches Bewusstsein hilfreich wäre. Vielleicht helfen Ihnen ja bestimmte Musikstücke, bestimmte Düfte, bestimmte Haltungen dabei, wach zu sein, vielleicht sterben Sie lieber im Sitzen, denn dadurch wird Ihre Wachheit auch gefördert.

den tod akzeptieren

aus vollem Herzen und mit ganzer Freude sollten Sie den Tod akzeptieren. Nicht aus einer Hilflosigkeit heraus oder weil Sie unter Stress und Angst stehen. Den Tod sollten Sie mit Stärke akzeptieren, ihn aus vollem Herzen willkommen heißen, ihn völlig bejahen.

ergeben Sie sich

Ergeben Sie sich in Ihre Situation. Seien Sie bereit für alles und nehmen Sie alles an, was kommt. Ob es schöne Momente, Freude, Feiern oder auch Schmerzen, Zweifel, Traurigkeit sind. Was immer passiert, seien Sie offen und zustimmend. Ergeben Sie sich in die Wege der Existenz, sie weiß es besser.

vergegenwärtigen Sie sich, dass nur ihr körper stirbt

erinnern Sie sich so oft wie es nur geht daran, dass Sie nur der Zuschauer der Szenerie sind. Was immer Ihnen passiert, wie immer Sie sich auch fühlen, machen Sie sich bewusst, dass Sie nicht sterben. Sie wechseln Ihr Haus, Ihre Schale zerbricht, Sie ziehen Ihre Kleider aus. Machen Sie es sich bewusst, dass Sie Ihren Körper verlassen werden, doch Sie selbst werden nicht sterben, die Reise wird weitergehen, Sie werden fortbestehen.

machen Sie so oft wie möglich meditationen

Vielleicht immer vor dem Schlafengehen: Entspannen Sie zuerst Ihren Körper, dann Ihr Atmen, dann Ihren Geist, Ihre Gedanken, und dann bleiben Sie in der Stille liegen, die daraufhin geschieht. Dies ist die vier Schritte Meditation. Sie ist äußerst hilfreich in dem Prozess des Sterbens.

Erinnern Sie sich so oft wie möglich daran, dass Sie nicht sterben werden, sondern nur Ihr Körper. Sie sind nicht der Körper, nicht die Gedanken, nicht die Gefühle. Sie sind getrennt davon. Erinnern Sie sich.

Wenn Sie im Bett liegen, können Sie gut Ihren Atem beobachten. Einfach zuschauen, wie er einströmt und ausströmt. Sie können auch, wenn Ihnen dies leichter fällt, beim Ausatmen mitzählen, bis zehn, und dann wieder von vorne anfangen. Falls Sie sich verzählen, fangen Sie einfach wieder von eins an.

vermeiden Sie die vergangenheit und auch die zukunft

Versuchen Sie, Ihre Aufmerksamkeit auf das Hier und Jetzt zu lenken. Lassen Sie sich nicht in vergangene Erlebnisse ziehen, sie sind vorbei und nicht mehr wichtig. Eine Ausnahme ist, dass Sie vielleicht noch unerfüllte Themen zu bearbeiten haben, vielleicht kommen immer wieder bestimmte Erinnerungen hoch. In diesem Fall ist es sicherlich sinnvoll, sich noch einmal mit diesen Ereignissen zu beschäftigen. Die vergangenen Erlebnisse sind ansonsten ohne Bedeutung, wenn man dem Tod begegnet. Sie sind wie die Haut der Schlange, die wir im Tod abstreifen. Es ist gut, sie hinter sich zu lassen und sich völlig dem jetzigen Moment zu widmen.

Auch zukünftige Ereignisse sind ohne Bedeutung, da Sie sie nicht wissen können. Es ist nicht nötig, sich auf die Zukunft einzustellen. Was immer essenziell in diesem Sterbeprozess ist, geschieht jetzt. Alles, was es wert ist, ist hier. Der Augenblick, in dem Sie leben, in dem der Prozess des Sterbens geschieht, gibt Ihnen alles, was wesentlich ist. Er hat eine Tiefe und eine Höhe an sich, die man immer nur in diesem gegenwärtigen Moment finden kann, egal ob man stirbt oder lebt, es ist genau das Gleiche. Das Leben findet sich nur in diesem Moment, seine Intensität gibt es nur hier und jetzt zu erleben.

Schweifen Sie ab in die Vergangenheit oder die Zukunft, sind Sie in Gedanken und damit nicht im Leben. Die existenzielle Energie kann Sie nicht mehr nähren, wenn Sie nicht hier sind. Daher ist die Grundvoraussetzung für Leben, seine Aufmerksamkeit hier und jetzt zu haben. Die kleinen Dinge sind wichtig, denn sie bilden eine Brücke zur existenziellen Energie, die immer da ist. Sie werden nicht nur durch die Luft und Ihre Nahrung genährt, auch universelle Energien fließen durch Sie hindurch und bauen Sie auf. Wie gesagt, egal ob Sie leben oder sterben.

seien Sie spielerisch

Gehen Sie mit allen Situationen, was immer Ihnen auch passiert, spielerisch um. Ob Sie der Arzt anlügt, weil er Ihnen die Wahrheit verschweigen will oder er verkündet Ihnen mit Trauermiene, dass Ihre Werte schlecht sind, ob Sie von nervigen Verwandten besucht werden, ob Sie in einer Umgebung versorgt werden, die nicht zu Ihnen passt...was immer Ihnen passiert, seien Sie spielerisch und offen mit der Situation. Nehmen Sie sich selbst nicht so ernst. Manchmal geht es nicht und wer weiß schon warum, dass Ihre Vorstellungen erfüllt werden. Dann nehmen Sie eben auch diese Situation in Leichtigkeit an.

der spirituelle moment der schmerzen

Schauen Sie auf Ihre Schmerzen. Rennen Sie nicht vor Ihnen davon. So können Sie eine Distanz schaffen, die Sie davon getrennt sein lässt. Sie sind nicht Ihre Schmerzen, sie sind getrennt davon, Sie können sie sehen. Sie sind nicht der Körper, der sie hat, Sie sind ein bloßer Zuschauer, ein Zeuge. Momente des Schmerzes können zu Momenten von spiritueller Disziplin werden. Dazu sollten Sie sie nicht vermeiden. Schmerzen und Leiden an sich sind keine gute Sache, doch wenn sie zur Meditation genutzt werden können, wirken sie sich sehr positiv aus. Sie lernen, sich von dem Körper zu disidentifizieren, zu lösen. Wenn es einem gut geht, dann hat man keine so günstige Gelegenheit dazu, denn es gibt keine Motivation, sich von dem Körper zu lösen. Doch in Schmerzen ist es einfach, sich als getrennt zu erleben.

verabschieden Sie sich von allem

Versuchen Sie, sich mit Leichtigkeit von allem zu verabschieden. Vielleicht möchten Sie Ihren Lieben und auch Freunden noch etwas sagen oder mit ihnen erleben, vielleicht möchten Sie noch in der Natur sein und den Pflanzen und den Tieren auf Wiedersehen sagen. Auch von Ihrer Wohnung und den anderen Lebensumständen sollten Sie sich innerlich trennen. Ihr Leben hier in dieser Welt kommt zu Ende, es wird bald vorbei sein. Feiern Sie Feste zum Abschied, tanzen und singen Sie und freuen Sie sich, dass Sie Ihr Weg weiterführt, dass Sie Ihre Reise fortsetzen werden, dass es weitergeht.

begegnen Sie dem licht

Wenn die Sonne scheint, dann gehen Sie in die Natur und genießen Sie ihr Licht. Öffnen Sie sich wo Sie nur können, für Licht. Machen Sie sich vertraut mit ihm. Lassen Sie es tief in Sie einsinken, in jede Ihrer Zellen. Stellen Sie sich bewusst darauf ein. Vielleicht haben Sie ein Bild in Ihrem Zimmer gegenüber Ihrem Bett, auf dem eine Sonne zu sehen ist, vielleicht ist es eine Morgen- oder Abendsonne, die Sie täglich anschauen und auf sich wirken lassen können. Es geht nicht um die Entspannung durch das Licht, die können Sie in der Dunkelheit finden. Sie sollten sich mit dem Licht bekannt machen, die Energie, die Licht ausmacht, kennenlernen, sich an sie gewöhnen. Denn wir verschließen uns manchmal vor der Helligkeit, wir ziehen uns zusammen. Doch es wäre gut für unseren Tod, wenn wir lernen würden, uns in Freude auszudehnen, wenn wir Licht sehen. Das spirituelle Licht ist das gleiche wie das normale Sonnenlicht, das auf die Grashalme scheint, so sagt Osho.

Toni kommt betrunken zu einer Schießbude und sagt: "Einmal schießen, bitte!"
Er trifft und bekommt als Gewinn eine kleine, lebende Schildkröte.
Eine halbe Stunde später kommt er noch einmal, schießt, und trifft wie beim ersten Mal. Wieder bekommt er eine kleine, lebende Schildkröte.
Bald taucht er noch betrunkener auf, schießt und trifft wieder ins Schwarze. Der Gewinn ist dieses Mal ein kleiner, blauer Plüschteddy.
Enttäuscht gibt Toni dem Schießbudenbesitzer den Gewinn zurück: "Ach, nein, den will ich nicht. Geben Sie mir lieber noch so ein knuspriges Fischbrötchen!"

hinweise für den wegbegleiter

lassen Sie sich nicht in stress bringen

In welcher Situation Sie sich auch mit Ihrem sterbenden Freund befinden, bringen Sie sich nicht in den Stress, dass Sie ihm helfen müssten, sonst würde alles für ihn zusammenbrechen. Er ist auf seiner eigenen individuellen, inneren Reise, auf der Sie nur kleine Unterstützungen geben können. Für seinen Körper können Sie gut sorgen, siehe später, doch ob sich Ihr Freund öffnet und vertraut oder nicht, dazu können Sie nur ansatzweise Hilfestellungen geben. Akzeptieren Sie seine Art und Weise, seine eigene Herangehensweise an den Tod und reichen Sie ihm Ihre Hand. Wenn es Ihnen gut geht, Sie entspannt und gelöst, voller Vertrauen sind, wenn Sie in Freude und Meditation leben und gelegentlich auch ein Lächeln oder Lachen über Ihre Lippen huscht, dann ist eigentlich alles erfüllt, was Sie für den Sterbenden tun können.

seien Sie wenn möglich ein freund, kein verwandter

der Sterbende muss lernen – diese Aufgabe stellt ihm das Leben – sich von allem zu trennen. Also auch von den Beziehungen, wie zu Vater, Mutter, Kind, Enkel, Geliebter. Diese Beziehungen haben den Nachteil, dass sie ein ganz bestimmtes Rollenverhalten mit sich bringen, das der Sterbende lernen muss, loszulassen. Am besten begegnet man ihm, auch wenn man das Kind oder die Mutter ist, wie einem Freund. Auf gleicher Stufe, mit einer gewissen Distanz und Bindungslosigkeit. Die Verbindung, die man zu einem Freund hat, besteht in erster Linie aus Ehrlichkeit, Freundlichkeit, Herzlichkeit, Liebe, Fröhlichkeit und Spaß.

Wenn Sie ein geliebter Partner sind, so versuchen Sie auch, eine bestimmte Distanz zuzulassen. Ihre Liebe bleibt die gleiche, geben Sie dem Sterbenden Ihre ganze Liebe, aber versuchen Sie, die alten Beziehungsmuster loszulassen und ihm einfach nur ein geliebter Wegbegleiter zu sein. Sie gehen mit ihm auf seinem Weg und halten ihn nicht auf. Sie unterstützen seinen Lösungsprozess und lassen ihn innerlich somit selbst auch los. Wie Ihr sterbender Freund, müssen Sie ebenso Ihre Beziehung zu ihm loslassen und entspannen. Vertrauen Sie, dass er seinen Weg findet, dass es ihm gut gehen wird, dass alles richtig läuft, wie es passiert.

Seien Sie ihm ein Freund, mit dem Sie offen und ehrlich sprechen, vor dem Sie nichts verheimlichen. Warum auch? Es ist so wie es ist, daran kann keiner etwas ändern. Nehmen Sie mit Ihrem Freund den Tod leicht. Es ist, als ob er ein wenig Hilfe beim Umzug braucht, jeder kennt das, unter solchen Umwälzungen kommt man leicht in Stress, doch wenn man Freunde hat, die dabei helfen, dann wird das ganze zur Party. Ihr sterbender Freund braucht nicht überversorgt oder beschützt werden, er ist nicht unmündig, nur weil er sich verabschiedet. Er ist völlig selbstständig und selbstverantwortlich und alles was Sie tun können, ist ihn zu begleiten. Seien Sie bei ihm, aber übernehmen Sie keine Verantwortung. Die Dinge, die er nicht mehr erledigen kann, können Sie ihm abnehmen, doch immer mit dem Hintergrund, dass er selbstverantwortlich bleibt. Er ist kein Kind, das Ihre aufmerksame Fürsorge braucht, um überleben zu können. Seien Sie aus Liebe und Freundschaft mit Ihrem sterbenden Freund, nicht aus einem Verantwortungsgefühl heraus. Das würde Ihren Freund, und Sie auch, nur belasten. Es bringt Verspannungen für alle Beteiligten.

vertrauen Sie sich selbst

Vielleicht haben Sie manchmal das Gefühl, dass etwas nicht gut ist, so wie es mit dem Sterbenden passiert, dann schreiten Sie ein. Vertrauen Sie auf sich und Ihre Intuition.

Beobachten Sie Ihren Freund genau, wirkt er verkrampft und angespannt? Ist es eine Katharsis? Dann ist es gut. Dann können Sie entspannen, denn das braucht der Sterbende gelegentlich. Falls er tanzen und meditieren kann, falls er ein Leben hinter sich hat, in dem er bereits Katharsis lebte, dann braucht er keinen Ausdruck von negativen Emotionen. Doch falls er nicht so lebte, ist es ganz natürlich, dass er seine Anspannung ausdrücken muss. Ist so ein Fall gegeben, dann brauchen Sie nicht einzuschreiten, halten Sie sich nur etwas fern davon. Doch ist er verkrampft ohne dass Sie ein gutes Gefühl dabei haben, dann kann es angemessen sein, etwas zu verändern. Vielleicht sind die Umstände nicht glücklich, wie er versorgt wird, vielleicht fehlt ihm etwas, wie beruhigende Musik, vielleicht braucht er mehr Alleinsein. Sie werden das herausfinden.

beobachten Sie den sterbenden mit einem mitfühlenden, liebevollen blick

Was würde ihn in dieser Lage, in der er ist, entspannen? Braucht er etwas? Als Wegbegleiter muss man erstens auf seine eigenen Eingebungen hören und zweitens einfühlsam ausprobieren. Das Kriterium ist immer die Entspannung und das Wohlfühlen des Sterbenden auf seinem Weg nach Innen, ebenso wie Ihre eigene Entspannung. Eine Hilfe dafür ist, wenn Sie selbst die oben beschriebenen Todesmeditationen machen oder sich direkt mit Ihrem Tode auseinandersetzen würden. So bekommen Sie ein größeres Verständnis für Ihren sterbenden Freund.

ziehen Sie ihren freund nicht in die welt, lassen Sie ihn nach innen entschwinden

Zerren Sie ihn nicht ins Außen, ziehen Sie ihn nicht in Erinnerungen an alte Zeiten, was Sie da und da gemacht haben, wie es dem und jenem geht und wie sehr ihn doch alle vermissen. Ihr sterbender Freund ist auf einer Reise nach Innen, seine Energien ziehen sich dorthin zusammen. Helfen Sie ihm dabei, indem Sie sich zu ihm setzen, mit ihm meditieren und still sind. Wenn ihn etwas vom Außen interessiert, dann antworten Sie ihm, aber bringen Sie ihn nicht in die Welt. Er ist auf seiner Reise nach Innen und die macht er alleine.

gehen Sie mit ihrem freund, nicht gegen ihn, seien Sie ehrlich zu ihm

Was immer Ihr Freund auch möchte, gehen Sie mit. Versuchen Sie nicht, ihm Ihre Vorstellungen aufzudrücken. Wenn er etwas möchte, dann beschaffen Sie es ihm und wenn er nichts möchte, dann lassen Sie auch das zu. Verheimlichen Sie nichts vor ihm, es gibt keinen Grund, warum Sie etwas vertuschen sollten, es sei denn, er wollte etwas nicht wissen.

seien Sie in einer fröhlichen feierstimmung

Wenn Sie traurig über das Sterben Ihres Freundes sind, dann kann man das verstehen. Schließlich müssen Sie ihn auch loslassen. Doch seien Sie auch in Freude. Das Sterben ist eine natürliche, unkomplizierte Angelegenheit; alles was lebt, stirbt auch wieder. Es ist wie bei der Geburt, das Sterben ist ein natürlicher Prozess. Es gibt viel Grund zur Freude, Ihr Freund geht weiter auf seiner Reise durch die Existenz. Es streift seine Hülle ab und wendet sich dem Mysterium zu. Wenn Sie sich einfühlsam dem Tode nähern, werden Sie die mysteriösen Vibrationen spüren können, die einen Sterbenden umgeben. Das ist nichts, was einem Angst machen müsste, nein, es ist ein großer Grund, sich zu freuen. Ihr Freund kommt der Existenz näher und das auf ganz natürlichem Wege.

Die hübsche Studentin sagt zum Professor: "Glauben Sie mir, ich würde alles tun, um dieses Examen zu bestehen. Ich meine wirklich alles."
Der Professor hakt nach: "Wirklich alles?"
Sie beugt sich zu ihm, blickt ihm tief in die Augen und haucht: "Alles."
Da flüstert er zurück: "Würden Sie auch lernen?"

bringen Sie ihren freund zum lachen

lachen Sie mit ihm und scherzen Sie mit ihm. Statt ihn in irgendwelche Vergangenheiten zu ziehen, können Sie ihn zum Lachen bringen und somit der ganzen Situation helfen, sich zu entspannen. Es gibt keinen Grund zur Traurigkeit. Es ist vergleichbar, wie wenn sich der Freund auf eine große Reise begibt und diese Reise ein Glücksfall für ihn ist. Er fährt zu einer Verjüngungskur in ein fremdes Land.

Die Liebe ist die Verbindung zwischen dem Freund und Ihnen. Man kann ihm nur wünschen, dass dieser Umzug bald geschieht, denn meist ist der Körper des Freundes schon angegriffen und verursacht Schwierigkeiten. Wie bei jedem Abschied kann es auch kurze Tränen geben, doch wird man versuchen, das Ganze nicht in eine Heulattacke ausufern zu lassen. Man versucht, dem anderen Freude zu vermitteln, um ihm das Gehen nicht so schwer zu machen. So ist das auch bei einem Sterbenden. Je fröhlicher Sie sind, umso leichter kann er gehen. Und das ist sehr wichtig. Sie helfen ihm immens, wenn Sie ihm vermitteln, dass er beruhigt gehen kann, dass keiner ihn aufhalten wird.

schaffen Sie eine atmosphäre von ruhe und ästhetik

Ihr Freund wird jede Minute seines Sterbens sensibler und empfindsamer. Er hört besser, nimmt feine Schwingungen deutlicher wahr, was zum Beispiel bedeutet, dass er Spannungen in Beziehungen um ihn herum mehr spürt als früher. Er ist sehr empfänglich für das, was seine Umgebung aussendet und eine grobe und laute Umgebung stört ihn sehr. Er ist so empfindlich wie eine Blüte. Es kann sein, dass er Auren sieht, oder dass er Dinge hört, die wir nicht wahrnehmen. Man muss ihm mit äußerster Sorgfalt begegnen, um ihn nicht zu zerstören. Je näher er dem Tode kommt, desto tiefer ist er in Meditation. Er braucht eine ruhige, gesammelte Atmosphäre um sich, um zu entspannen. Ersparen Sie ihm Aufregungen und Aggressionen. Schaffen Sie ihm eine schöne, stille Umgebung, in der er in Ruhe in sich versinken kann.

Wenn er Blumen liebt, dann können Sie ihm einen Strauß so hinstellen, das er sie sieht. Am besten nehmen Sie alles Unnötige aus dem Zimmer, kein Klimbim, kein Nippes, nur ein paar Möbel, sonst nichts. Ein leeres Zimmer ist zwar nicht unbedingt notwendig, doch hilfreich. Die Aufmerksamkeit des Sterbenden richtet sich nach Innen und es macht keinen Sinn, ihn mit Erinnerungsfotos und anderem an diese Welt wieder binden zu wollen. Helfen Sie ihm, sich von allem zu lösen, indem Sie alles wegräumen, was nicht erhebend für das Zimmer wirkt. Er kann nichts mitnehmen, also braucht es auch nicht um ihn herum zu stehen.

Hängen Sie ein Poster oder Bild von einer Sonne, vielleicht einer Morgen- oder Abendsonne, so dass das Licht etwas goldener ist, ihm gegenüber auf. Es wird ihm helfen, sich auf das Licht zu zentrieren, das ihm immer näher kommt. Meine Mutter hat sich nie für etwas Innerliches interessiert, doch das Poster eines Sonnenuntergangs am Strand hat ihr doch geholfen, sich ein wenig zu zentrieren und nach Innen zu schauen.

Schaffen Sie einen einfachen Raum, mit mildem Licht, in dem nur erhebende Dinge stehen, keine Erinnerungen. Vielleicht eine schöne Kerze, ein Blumenstrauß oder eine einzelne Blume, eine Duftlampe mit feinen Düften oder gute Räucherstäbchen, wie Sandelholzräucherstäbchen, möglich wäre auch ein leise plätschernder Brunnen. Vielleicht hängen Sie die Bilder ab und ersetzen sie mit Blumenfotografien oder anderen Naturbildern. Bereiten Sie ihm einen Platz wie einen Tempel, an dem es leicht fällt, andächtig zu sein. Sein Zimmer könnte wie ein heiliger, heilsamer Ort sein. Wann immer Sie es betreten, fühlen Sie sich, als ob Sie in einen Tempel gehen. Bringen Sie nicht die Miesigkeiten des Alltags mit, sondern stellen Sie sich auf Ruhe und Meditation ein, wenn Sie Ihren sterbenden Freund besuchen.

spielen Sie spezielle musik zu seiner entspannung

Spielen Sie Musik, die schöne Klangbilder hat, wie ruhige, klassische Stücke, New Age Musik, indische klassische Musik oder auch anderes. Sie müssen ausprobieren, was Ihren Freund entspannt und was nicht. Die sanften Schwingungen der Musik sind eine große Hilfe für die Meditation Ihres sterbenden Freundes. Sie können ihm helfen, sich höher zu schwingen und tiefer nach Innen zu versinken. Es erscheint mir ein Bedürfnis von Sterbenden zu sein, vielleicht wegen ihrer starken Sensibilität, subtile, schöne Schwingungen um sich herum zu fühlen und zu hören. Was immer Ihren Freund beruhigt wie ein Schlaflied, ihn entspannt und erhebt, sollten Sie öfters auflegen.

Meine Mutter hörte früher in ihrem Leben gelegentlich Opern und wenig andere klassische Musik. Doch in ihrem Sterben verspannte sie sich nur bei dieser Art von Musik. Ich probierte viele Stücke aus, nichts half ihr zu entspannen. Bis ich zu meinem Erstaunen auf etwas stieß: von Andrea Bocelli "Romanza". Meine Mutter hatte in ihrem Leben noch nie etwas von ihm gehört. Dies war die einzige CD, die sie zutiefst entspannt und gelöst werden ließ. Alle anderen CDs von Andrea Bocelli wirkten auch nicht, nur diese eine. Ich spielte sie sehr oft und sie bewirkte immer die gleiche, tiefe Entspannung bei ihr. Es war der Grundton dieser CD, der sie so tief entspannen ließ, die einzelnen Stücke nahm sie gar nicht so bewusst wahr.

In der Welt von Osho gibt es viele schöne Musikstücke, die vielleicht geeignet sind. Zum Beispiel "Healing Earth" von Anugama und andere. Man kann im Voraus nicht sagen, was wen erhebt und entspannt, auch nicht, wenn er eine bestimmte Musik in seinem Leben oft gehört hat. Wenn Ihr Freund in der Meditation des Sterbens versinkt, wird er ursprünglicher, er kommt seinem wahrem Wesen näher und er entspannt vielleicht bei völlig anderen Klängen, als Sie sich das je gedacht hätten. Wie gesagt, es ist der Grundton, der entscheidend ist, nicht das einzelne Musikstück.

die ausnahme der osho nadabrahma meditation

Es gibt eine Ausnahme: Die Nadabrahma-Musik der gleichnamigen Meditation von Osho. Sie besteht einzig aus den schönen Klängen von tibetischen Klangschalen, die in Tibet zur Heilung des Menschen gefertigt wurden. Meine Mutter entspannte anfangs nicht sonderlich bei dieser Musik, sie verspannte sich aber auch nicht dabei. Gelegentlich legte ich ihr sie auf und sie wunderte sich nur, was das sei. Mit der Zeit gewöhnte sie sich daran und die Musik half ihr sehr, wach und trotzdem entspannt zu bleiben. Meine Mutter kannte bis dahin nur Melodien, einfache Klänge waren ihr fremd. Doch die Nadabrahma ist das Heilsamste, was es an Musik meines Erachtens gibt, so dass ich sie ihr trotzdem vorspielte. Sie freundete sich dann doch damit an. Als meine Mutter noch bei

Sinnen war, spielte ich sie ihr nur selten, so wie sie es zuließ. Doch je tiefer sie in sich versank, desto mehr ließ ich diese heilsamen Klänge laufen und ich sah, wie ihre Meditation und Innerlichkeit dadurch Unterstützung bekam.

Diese erwähnte Ausnahme gibt es für mich also: Nadabrahma von Osho, Deuter hat sie zusammengestellt. Sie ist das Heilsamste an Musik, was es gibt, und daher gerade im Sterben die beste Musik. Auch wenn sich der Freund nicht bewusst auf sie einstellen kann, würde ich immer wieder versuchen, diese Musik abzuspielen, selbstverständlich nicht gegen seinen Willen, doch so oft wie nur möglich. Sie hilft, wach zu bleiben und existenzielle Schwingungen anzunehmen...und vieles andere mehr. Je näher Ihr Freund dem Tode kommt, desto hilfreicher ist sie. Experimentieren Sie damit.

Auch wenn Sie sich selbst nicht gut fühlen, oder vielleicht gerade gut fühlen, können Sie es ausprobieren, diese Musik abzuspielen oder gar die spezielle Meditation dazu zu machen. Sie werden dabei den starken Einfluss auf Sie bemerken. So können Sie auch sehen lernen, was diese Schwingungen der Klangschalen mit dem Sterbenden bewirken. Sie ist das Stärkste, was ich empfehlen kann.

Ein Haiku:
Basho schrieb:

Wintereinsamkeit
In einer Welt mit nur einer Farbe
Der Ton des Windes.

filme, videos, bücher

der Sterbende braucht Filme vielleicht nicht zu seiner Erhebung, doch vielleicht zu seiner Unterhaltung. Helfen Sie ihm dabei, indem Sie ihm eine Auswahl an lustigen und Naturfilmen bieten. Die lustigsten Filme sind es, die er auf jeden Fall noch in seinem verbleibenden Leben sehen sollte. Das ist immer eine persönliche Sache, bei was man lachen kann, mir haben die folgenden Filme am besten gefallen: "Der Partyschreck" mit Peter Sellers, ebenso die "Der Rosarote Panther" – Filme mit dem selben Schauspieler, "Leoparden küsst man nicht" mit Cary Grant und K. Hepburn, "Ein Goldfisch an der Angel" mit Rock Hudson, "Ein Sommernachtstraum" von Woody Allan und andere Filme von ihm, "Die Ferien des Monsieur Hulot" und alle anderen Filme von Jacques Tati, "Das Leben des Brian" und vieles andere von Monty Python, "Is was Doc" mit Barbara Streisand, und "Blind Date" mit Bruce Willis. Die meisten Filme von Louis de Funès , besonders "Die Abenteuer des Rabbi Jakob", die meisten Filme von Mel Brooks, besonders "Höhenangst" und "Sein oder Nichtsein". Dann "Mein Name ist Nobody" mit Terence Hill, die "Olsen Bande", eine dänische Produktion, "Ein Tollpatsch kommt selten allein" mit Pierre Richard und Gerard Gepardieu, viele Pierre Richard-Filme sind auch lustig...und viele andere. Es gibt viele lustige Filme, die man gesehen haben muss.

Unter den Naturfilmen gibt es ebenso besonders schöne. Ich nenne nur diejenigen, die mir als besonders aufgefallen sind: Alle Filme von Dietmar Keil, Wieland Lippoldmüller und Jürgen Eichinger, die Serie "Landschaften" von Jochen

Richter, BBC-Produktionen über Naturfilme und dann eine besondere Serie über Zen in Kyoto, Japan. Diese Serie zeigt Zen-Gärten und Zen-Kunstwerke auf sehr schöne Weise. Naturfilme bringen Unterhaltung und sie sind zugleich meditativ. Sie ziehen nicht in die Gedanken und zeigen doch existenzielle Begebenheiten.

Bücher kann sich der Sterbende selbst aussuchen. In erster Linie empfehle ich Osho-Bücher und andere erhebende Bücher, und auch Kunstbücher. Keine Zei-tungen oder Zeitschriften. Osho spricht in einem Buch: "Books I have loved" von allen Büchern, die er geliebt hat. Es sind erhebende Romane oder Texte. Dieses Buch gibt es auf englisch über die Webseite *www.meditationandmore.de* zu bestellen.

Vielleicht haben Sie Lust, Ihrem sterbenden Freund vorzulesen. Ich hatte nie das Gefühl, dass dies sinnvoll wäre. Doch vielleicht ist das bei Ihnen anders. Lesen Sie auch nur Erhebendes vor, keine Zeitungen etc.

Doch achten Sie darauf, dass Sie dem Sterbenden genügend Zeit für sich lassen. Er sollte viel Ruhe und Un-beschäftigtsein erfahren, denn das braucht er, um sich mit sich selbst und den Prozessen des Sterbens auseinander zusetzen. Es ist nicht hilfreich, Ihren Freund zu überladen mit Unterhaltung. Er braucht das Alleinsein.

berührungen

Ein Sterbender ist so empfindsam wie eine Rosenblüte. Jede Berührung sollte vorsichtig, einfühlsam und liebevoll sein. Sterbende haben ein offenes Herz, sie brauchen viel Liebe. Wohlgemerkt Liebe, keine Beziehung. Es ist eine

Kunst, in eine Berührung Liebe zu legen. Es sollte keine Massage sein, die Ihren Freund wieder in den Körper zieht, das sollten Sie vermeiden. Doch ihn liebevoll und ruhig anzufassen, ist etwas sehr Schönes. Manchmal können Sie den Sterbenden auch etwas an den Füßen massieren, doch nur, um ihn etwas wach zu halten und ihm Ihre Liebe zu vermitteln. Ich würde Ihren Freund nicht richtig massieren, denn er ist dabei, den Körper zu verlassen und das gilt es zu unterstützen. Bei einer Massage würde man gegen seinen natürlichen Weg gehen und ihn in einen Widerspruch bringen, der nicht heilsam ist. Nähern Sie sich Ihrem Freund immer in einer stillen, andächtigen Weise, stören Sie ihn nicht in seiner Meditation, in der er sich in natürlicher Weise befindet. Dies gilt auch, falls er Probleme haben sollte. Schauen Sie ihm zu, mischen Sie sich nicht in seine Angelegenheiten. Alles, was Sie tun können ist folgendes:

umarmen Sie ihren freund liebevoll

Obwohl Ihr Freund seinen Weg alleine gehen muss, braucht er doch die Wärme einer geliebten Person. Er benötigt manchmal Ihre Unterstützung, Ihre Präsenz. Wenn es geht, wenn er es zulässt, dann halten und umarmen Sie Ihren Freund. Es wird ihm helfen, loszulassen, Vertrauen zu bekommen, sich geliebt zu fühlen. Es wird seinen Körper weicher machen.

Manchmal ist es auch nicht angemessen, einen Sterbenden zu umarmen, denn er ist bereits jenseits seines Körpers, nach Innen gegangen. Dann ist es besser, sich still zu ihm zu setzen und den Atem zu beobachten, ihn nicht zu stören.

**erinnern Sie ihren freund daran,
dass er nicht der körper ist,
dass er nur das haus wechselt,
dass er nicht stirbt**

Wann immer es möglich ist, sprechen Sie mit Ihrem Freund über den Tod. Machen Sie ihm klar, dass der Tod wie ein Umzug in ein neues Haus ist, dass er seine alte Schale des Körpers abwirft und verlässt und eine neue bekommt. Sein Körper wird sterben, er nicht. Es wird weitergehen, seine existenzielle Reise wird sich fortsetzen. Er ist nicht der Körper, er hat keine Beziehung zu seinen Gedanken und Gefühlen. Sie sind wie zum Körper dazugehörig, sie haben nichts mit ihm zu tun. Er ist nur der Zuschauer von allem. Wenn möglich, erinnern Sie Ihren Freund so oft es geht daran. Sprechen Sie mit ihm über den Tod, erzählen Sie ihm, dass er ein freudiges Phänomen ist, dass es keinen Grund für Traurigkeit gibt. Sagen Sie ihm, dass er alles hinter sich lassen muss, um unbeschwert ins Neue gehen zu können. Er braucht sich mit nichts zu belasten, mit keinen Verantwortlichkeiten irgendwem gegenüber. Er kann sich völlig leicht seiner Situation stellen und mit ihr mitgehen, so wie es passiert.

**setzen Sie sich zu ihm
und atmen Sie mit ihm**

Es ist auch sehr hilfreich für Ihren sterbenden Freund, wenn Sie sich zu ihm setzen und mit ihm atmen. Dafür wäre es gut, wenn Sie selbst schon ein Meditierender sind, so dass Sie Erfahrung darin haben, aber auch ohne dessen geht es. Halten Sie seine Hand und beobachten Sie Ihren Atem.

Seien Sie still und sitzen Sie bei ihm, ihn haltend. Bleiben Sie bei sich, das wird ihm helfen, auch bei sich zu sein. Er wird beginnen, auch seinen Atem zu beobachten. Sagen Sie ihm, dass er seinem Atem zuschauen soll, so wie Sie es tun.

befreien Sie ihren freund von belastungen

Nehmen Sie Ihrem Freund alle Sorgen und Belastungen der Welt. Sorgen Sie dafür, dass er sich um nichts mehr kümmern muss. Vielleicht lösen Sie seine Wohnung auf und er geht in ein Hospiz oder Heim. Vielleicht kümmern Sie sich um sein Testament, dass er es so ausstellt, wie er es will und dass es rechtsgültig ist, indem es durch einen Notar beglaubigt wird. Vielleicht erzählen Sie ihm von der Verbrennungsfeier und fragen nach, ob er besondere Wünsche hat. Vielleicht möchte er ein bestimmtes Kleid tragen oder er hat sonstige Vorstellungen. Versuchen Sie, ihn völlig frei von den Belastungen der Welt zu machen, so dass er in Ruhe gehen kann.

bei aggressionen ihres freundes verlassen Sie am besten das zimmer

Gelegentlich kommt es bei einem Sterbenden vor, dass er negative Energien aussendet. Manchmal sind sie bewusst, manchmal nicht. Wann immer Sie sich unwohl fühlen in der Nähe Ihres Freundes, ist es besser, das Zimmer zu verlassen.

In dem 5. Kapitel "Das Verlassen des Körpers" schreibe ich von den negativen Energien, die den Sterbenden verlassen im Tode. Und auch schon früher in der 3. Phase des

Sterbeprozesses, in der das Unterbewusstsein aufgeschlossen wird, kann es zu aggressiven Ausbrüchen kommen. Entspannen Sie und verlassen Sie das Zimmer. Wenn Sie doch bleiben müssen, dann seien Sie nicht empfänglich, tun Sie das, was nötig ist und gehen Sie dann. Beschäftigung ermöglicht es, dass Sie Ihre Energien und Aufmerksamkeit dorthin fließen lassen und so nicht auf die Destruktivität achten. Wenn nötig, dann können Sie auch viel sprechen und erzählen, das hilft auch, nicht empfänglich zu sein in solchen schwierigen Momenten.

halten Sie ihren sterbenden freund wach

am Ende des Sterbeprozesses ist es von Bedeutung, Ihren Freund wach zu halten. Damit ist nicht gemeint, dass er in diese Welt zurückgeschüttelt werden sollte. Es ist nur eine subtile Bewusstheit, die gefördert werden kann. Dazu sind zum Beispiel Räucherstäbchen, Nadabrahma Musik, Duftöle in Maßen hilfreich. Vielleicht möchte sich der Sterbende auch hinsetzen, so kann er noch leichter wach bleiben. Ist Ihr Freund allerdings unbewusst geworden, so macht das nichts. Sie können trotzdem fortfahren, die Musik zu spielen. Es sei denn, Sie haben das Gefühl, dass Stille besser wäre für ihn.

> *Der alte Landstreicher klopft an die Tür eines Gasthauses, das den Namen "Georg und der Drachen" trägt. Eine dicke Frau öffnet die Tür und sagt: "Was wollen Sie?"*
> *"Könnten Sie einem armen Mann etwas zu essen geben?" fragt Mario, der Obdachlose.*

"Nein!" ruft die Frau und schmeißt die Türe zu.
Ein paar Minuten später klopft der Landstreicher wieder an die Tür.
"Bitte, Fräulein, könnte ich ein bisschen was zum Essen bekommen?"
"Verschwinde, du Tunichtgut!" schimpft die Frau, "und komme bloß nicht noch einmal!"
Nach ein paar Minuten klopft Mario wieder an die Tür.
Die Frau erscheint.
"Entschuldigen Sie," sagt der Landstreicher, "aber könnte ich dieses Mal mit Georg sprechen?"

die körperlichen bedürfnisse von sterbenden

wärme

ein Sterbender hat ein starkes Wärmebedürfnis. Man könnte sagen, ihm ist immer kalt. Das hängt auch damit zusammen, dass sich die Energien nach Innen zusammenziehen. Daher kann es schön sein, ihm ein Bettjäckchen und Wollsocken anzuziehen, oder einen warmen Schlafanzug, der auch die Arme bedeckt. Manchmal können Sie ihm auch ein Heizkissen, eine Wärmflasche oder ein Kirschkernkissen ins Bett legen, so dass ihm wärmer ist.

schmerzfreiheit

es geschieht öfters, dass Sterbende Schmerzen haben. Meiner Meinung nach ist das heute nicht mehr notwendig, es gibt gute Schmerzmittel, die rundum wirken, ohne das Bewusstsein zu trüben. Ihr Hausarzt kennt sie sicherlich. Manchmal muss man ein wenig nachhaken, denn die Ärzte sind gelegentlich etwas zurückhaltend beim Verschreiben solcher Medikamente. Ich würde sie viel eher einsetzen, als es üblich ist.

Meine Mutter hatte das Glück, in einem Hospiz aufgenommen zu werden, in dem sie mit einem morphinähnlichem Präparat versorgt wurde. Dies hatte den guten Effekt, neben Schmerzlinderung auch noch stimmungsaufhellend zu wirken. Bei meiner Mutter war das eine wunderbare Sache – es kann sein, dass es bei anderen Individuen störend ist – ich jedoch bin ein Befürworter für eine sofortige Schmerzlinderung.

Schmerzen können zwar eine Brücke für Wachheit sein, doch dazu muss man Erfahrung in Meditation haben. Hat man sie nicht, würde ich jeden Sterbenden sofort mit Schmerzmitteln versorgen.

Auch bei motorischer Unruhe und Ängsten würde ich bei nicht meditierenden Sterbenden sofort Medikamente einsetzen zu ihrer Beruhigung. Es gibt keinen Grund, den Körper im Sterben leiden zu lassen.

ein befeuchteter mund

Sterbende haben öfters Durst, Sie müssen ihnen öfters zu trinken anbieten. Auch wenn der Mund des Sterbenden trocken ist, sollten Sie ihn alle 10 Minuten befeuchten. Sie können dazu dickere Wattestäbchen in Tee tauchen, oder ein Stück Leinen anfeuchten und seinen Mund damit auswischen. Es gibt auch künstliche Speichel, die man dem

Sterbenden in den Mund sprüht, die sehr hilfreich sind. Manchmal bildet sich eine raue, borkige Schicht auf der Zunge, diese können Sie leicht mit etwas Butter und einer Zahnbürste entfernen.

hygiene, sauberkeit

ein Grundbedürfnis von uns allen Menschen und auch von einem Sterbenden ist die Sauberkeit. In der Pflege gibt es unterschiedliche Waschungen, die anregende und die beruhigende. Bei Ihrem Freund sollten Sie beruhigend waschen, das heißt, dass das Wasser warm ist und die Waschbewegungen mit der Haarwuchsrichtung gehen sollten. Also zum Beispiel an den Armen von der Schulter zur Hand hin, bei den Füßen entsprechend und am Rücken auch von oben nach unten gehend. Die Bewegungen sollten ruhig ausgeführt werden. Als Waschzusatz kann man auch beruhigende Düfte zusetzen wie Lavendel-, Sandel- oder Rosenholz-, Rosenöl.

Für den Intimbereich verwendet man meist Einlagen und Klebehosen. Unnötiges Herumdrehen bei der Intimpflege sollte man vermeiden. Eine sorgsame und aufmerksame Art des Pflegens wäre wünschenswert. Am besten pflegt man einen Sterbenden zu zweit, um Belastungen für ihn zu vermeiden. So kann man die Anstrengung der Pflege für ihn auf ein Minimum herabsetzen.

wenig nahrung

ein Sterbender isst meist nichts mehr. Oder wenn, dann nur bestimmte Dinge. Meine Mutter aß ein halbes Jahr nur ein bisschen Kuchen am Tag, sonst nichts mehr. Und das hat genügt, um sie noch so lange leben zu lassen. Zwingen Sie keinen Sterbenden zu essen oder zu trinken. Es ist seine Entscheidung, und es ist eine gute Entscheidung. Es gibt keinen Grund, in Sorge zu sein, weil jemand nichts mehr essen will. Es heißt einfach, dass der Körper nichts weiteres mehr aufnehmen möchte und das kann man als ein Zeichen sehen, dass der Sterbeprozess, der Loslassprozess, begonnen hat. Es ändert sich etwas und es ist gut, mit dieser Veränderung mitzugehen.

vegetarisches essen

Eine Kost mit Fleisch würde den Körper eines Sterbenden zu schwer machen. Vegetarisches Essen bringt eine Leichtigkeit mit sich, die dem Gesamtzustand des Sterbenden entspricht. Diese Leichtigkeit halte ich für so wichtig, dass ich sie den Nährstoffen des Fleisches vorziehen würde. Falls der Sterbende sich jedoch sehr kalt fühlt, würde ich ihm als Ausnahme Hühnerbrühe geben, wenn er möchte. Sie hat eine sehr beruhigende und wärmende Auswirkung auf jeden Kranken.

Die meisten alten Menschen haben sich an Fleisch gewöhnt. In den Altenheimen wird sehr viel fleischhaltige Nahrung ausgegeben. Ich halte dies für nicht angemessen für den Zustand eines alten Menschen, selbst wenn er sein Leben lang Fleisch gegessen hatte. Obwohl ich das Individuum respektiere, würde ich eine vegetarische Kost der proteinreichen vorziehen. Es gibt zwar viele alte Menschen, die dazu neigen, unterernährt zu sein und daher die Unterstützung durch Fleisch scheinbar bräuchten, doch glaube ich, dass dies zweitrangig ist. Die Menschen sind nicht unterernährt, weil es nichts zu essen gibt, sondern weil sie nicht essen wollen. Das ist ihre freie Entscheidung und die möchte ich respektieren. Eine vegetarische Kost kann ebenso viele Vitamine, Mineralien und Proteine beinhalten wie eine nicht vegetarische Kost, die notwendigen Proteine könnten zum Beispiel mit Eiern abgedeckt werden. Doch hat die vegetarische Kost einen großen Vorteil: Es ist ein ästhetisches Essen. Der sonst so dichte Körper wandelt sich bald, nach einer kurzen Umstellungsphase, in eine Schwerelosigkeit, die sehr hilfreich, besonders für einen Sterbenden ist.

nonverbale kommunikation

Wenn Sie die Wahl haben, dann fördern Sie lieber die nonverbale Kommunikation als die verbale. Ein Sterbender geht weg aus dieser Welt und wird sehr subtil, so dass es besser ist, mit ihm auch in dieser Weise zu kommunizieren. Er hat so feine Antennen, dass er von Ihnen viel mehr wahrnimmt, als Sie es glauben. Wenn Sie bei ihm sind, dann lassen Sie einfach nur Ihre Liebe und Freude fließen und er wird es verstehen. Wenn Sie ihm das Essen reichen, dann sprechen Sie nur wenig, geben Sie es ihm in ästhetischer Weise, so wie er es will. Zeigen Sie ihm, dass Sie ihn aufmerksam waschen und pflegen wollen, verwenden Sie nur wenig Worte dafür. Vermitteln Sie ihm alles, was Sie mit ihm tun, durch Ihr bewusstes Handeln. Ihre eigene Aufmerksamkeit ist wichtiger als alle Worte. Er geht auf seine Reise nach Innen und das oberste Gebot sollte sein, ihn nicht zu stören.

umlagerungen

Um ein Druckgeschwür zu vermeiden, muss der Sterbende des öfteren umgelagert werden. Dies sollte schnell und möglichst ohne unnötige Belastung für den Sterbenden vor sich gehen. Es ist daher wichtig, in bestimmten Abständen zu lagern, meist geht man von zwei Stunden aus, doch das ist individuell verschieden. Ihr Freund liegt die ganze Zeit unbewegt auf einer Stelle und daher muss er in einem bestimmten Zeitraum wieder entlastet werden. Man kann durch sorgfältiges Beobachten Stellungen finden, die ihn mehr entspannen als andere. Wenn der Körper entspannt ist, dann ist das angenehmer für ihn.

Der kleine Peter macht seine Hausaufgaben und hat ein Problem.
"Papi," sagt er, "was ist der Unterschied zwischen 'Ärger' und 'Wut'?"
"Hm, Sohn," sagt sein Vater, "ich werde dir eine praktische Demonstration geben."
Der Vater geht zum Telefon und wählt eine beliebige Nummer.
"Hallo," sagt eine Stimme am anderen Ende.
"Hallo," sagt Peters Vater. "Ist Klaus da?"
"Es gibt hier keinen, der Klaus heißt!" kommt die Antwort. "Warum schauen Sie sich nicht die Nummer an, bevor Sie sie wählen?"
Peters Vater legt auf und sagt: "Siehst du? Dieser Mann war überhaupt nicht glücklich über unseren Anruf. Aber jetzt pass auf!"
Er wählt wieder die gleiche Nummer und sagt,

"Hallo, ist Klaus da?"

"Nun hören Sie mal!" kommt die ärgerliche Antwort. "Ich habe Ihnen schon einmal gesagt, dass es hier keinen Klaus gibt! Sie haben vielleicht Nerven, mich noch einmal anzurufen!" Und damit ist das Telefongespräch beendet.

"Hast du das jetzt gehört?" fragt Peter's Vater.

"Das war Ärger. Nun werde ich dir zeigen, was Wut ist!"

Er nimmt das Telefon und wählt wieder dieselbe Nummer. Als eine ärgerliche Stimme "HALLO!" brüllt, sagt Peters Vater, "Hallo! Hier ist der Klaus. Hat jemand für mich angerufen?"

die vorteile des pflegeheimes und hospizes gegenüber einer versorgung zuhause

Statistisch gesehen wollen 90% aller Menschen zuhause im Kreise ihrer Lieben sterben. Die meisten Menschen haben Angst vor einem Pflegeheim oder dem Hospiz. In meinen Augen sollte es genau umgekehrt sein. Denn zuhause ist der Sterbende ununterbrochen seiner Vergangenheit und seinen Bindungen in Form der Familie ausgesetzt.

Er wird normalerweise nicht dazu aufgefordert, sich von allen Menschen und Umgebungen zu lösen, sondern er wird noch mehr als sonst festgehalten. Die Verwandten wollen ihn nicht gehen lassen, und sie wollen ihn in der Form weiter halten, die er früher einmal hatte. Seine Persönlichkeit geht aber langsam weg und es kommen ursprünglichere Wesenszüge zum Vorschein im Sterbeprozess, die von der Familie oft nicht gemocht und nicht unterstützt werden.

Die Versorgung und Pflege ist nicht fachmännisch und somit lassen sich Fehler und unnötige Schwierigkeiten für den Sterbenden nicht vermeiden. Die psychische und physische Belastung der pflegenden Verwandten geht an die Grenzen aller. Sie sind nicht gewohnt, mit den Umständen eines Sterbenden umzugehen und machen meist Fehler, die in einem Heim nicht passieren. Sie setzen sich der Negativität des Sterbenden aus und behindern ihn andererseits in seinem natürlichen Rückzug. Sie denken, dass die Familie eine Unterstützung ist, doch ist sie nur eine Belastung für den Sterbenden, der es lernen muss, alleine zu sein und sich von allem und jedem zu trennen.

In einem Pflegeheim ist das anders. Die Pflegenden sind erfahren, ihre Handgriffe sitzen. Wenn der Sterbende gewaschen und gepflegt wird, dann wird er nicht in seinen Körper gezogen über unnötige Berührungen, die Pflegenden wissen, dass es von Vorteil ist, schnell zu handeln. Auch haben sie eine Distanz zu dem Sterbenden, was ihm hilft, keine neuen Bindungen aufzubauen. Die Menschen im Heim werden alleine gelassen. Dies wird oft als Kritikpunkt genannt, doch ich sehe das anders. Der Tod bedeutet ein Loslassen von allem, man wird in neue Bereiche kommen, ohne seine Verwandten und Angehörigen, so dass das Heim wie ein guter Übergang für den Tod ist.

Im Heim zu sterben ist für mich im Moment noch die bessere Variante, verglichen mit dem Sterben in einem christlichen Zuhause. Am besten ist wohl ein Hospiz zu beurteilen, denn dort gibt es einen entscheidenden Vorteil:

Das Personal steht nicht unter einem so großen Zeitdruck, wie es im Heim der Fall ist.

Das ist eigentlich das einzige Problem im Heim: Die mangelnde Zeit. Aber diese Schwierigkeit können die Freunde des Sterbenden gut ausgleichen, wenn sie kommen und den Sterbenden besuchen. Sie können alles machen, was ich oben vorschlug: Die richtige Musik finden, das Zimmer ästhetisch gestalten, Duftlampe und Räucherstäbchen anzünden, Bettjäckchen und Socken anziehen, ihn lieben, mit ihm lachen und scherzen und sich zu ihm ans Bett setzen und den Atem beobachten. In dieser Weise sind die Freunde von der Pflege und den anderen schwierigen Verantwortlichkeiten befreit und können sich entspannt ihrem sterbenden Freund widmen.

Das Heim bringt im Moment noch viele Vorteile mit sich. Selbst trotz der überaus unmenschlichen Politik dieses Landes, in der für neunundzwanzig alte, gebrechliche und pflegebedürftige Menschen nur drei Pfleger zur Versorgung in der Frühe eingesetzt werden. Meine Erfahrung ist, dass die professionellen Pfleger alle sehr herzliche und mitfühlende Menschen sind, die gelernt haben, auch unter diesen schwierigsten Bedingungen noch ihre Menschlichkeit zu bewahren, Ausnahmen bestätigen die Regel. Insofern braucht man keine Angst davor haben, seinen geliebten Freund in ein Heim zur Pflege zu geben.

In einem Hospiz gibt es dagegen mehr Personal. Daher sind die Bedingungen viel besser als in einem Pflegeheim. Selbstverständlich könnte es auch dort einige Verbesserungen geben, doch was ich bisher kennengelernt habe an Hospizen, sind sie von Vorteil. Eine Bedingung muss allerdings gewährleistet sein: Sie dürfen nicht den christlichen Glauben ihren Bewohnern aufdrücken.

Meine Mutter hatte das große Glück, in Nürnberg/ Mögeldorf in einem außergewöhnlich ästhetischen und freundlichem Hospiz ihr letztes halbes Jahr zu verbringen. In diesem Haus gab es immer frische Blumen aus Spenden von Begräbnissen, schöne, kunstvolle Bilder hingen an den Wänden, für zwölf Personen waren fünf bis sechs Pfleger zur Stelle. Es gab keinen Zwang, sich christlich zu geben, keine Tischgebete oder Ähnliches. Das Haus wurde äußerst einfühlsam und professionell geführt und ich bin den Pflegern und der Leiterin immer noch dankbar, dass sie meine Mutter so gut versorgt und gepflegt hatten. Wohl instinktiv achteten sie auf eine ruhige Atmosphäre, beim Essen gab es leichte und angenehme Musik. Das ganze Ambiente war klar und ohne viel Schnickschnack. Die Pfleger waren, wie ich es so oft sehe, sehr empfindsam und aufmerksam.

Ein Haiku:

Eine Libelle auf dem Felsen
Mittagsträume.

Die Vision eines
Sterbezentrums

Die Vision eines Sterbezentrums

hier beschreibe ich meine Vision eines Sterbezentrums ohne Rücksicht auf Möglichkeiten und Unmöglichkeiten zu nehmen. Es ist sozusagen mein Optimum, das ich beschreibe.

Wenn es einmal dazu kommen sollte und es so etwas wie dieses Sterbezentrum geben wird, kann es sein, dass Abstriche gemacht werden müssen. Die Umstände, die Bürokratie und die Finanzen bilden meist einen Rahmen, den man nur schwer durchbrechen kann.

Doch hier, in meiner Vision tue ich das.

das haus – ein tempel

Was macht ein Haus zu einem Tempel? In erster Linie die Menschen, die darin arbeiten und leben. Sind sie still und fröhlich, unkompliziert und entspannt, dann wird ein Haus zu einem Tempel. Diese Menschen werden ein Ambiente schaffen, in dem es leicht fällt, die eigene Göttlichkeit zu leben. Ich lege also großen Wert darauf, dass zumindest die Mitarbeiter erfahren in Meditation sind. Sie haben über ihre Meditation bereits Kontakt mit dem Tod gehabt und haben daher ein Verständnis für die Besucher dieses Tempels. Ihre meditative Energie schafft eine dichte, ästhetische Schwingung in allen Räumen. Nur so ist meine Vision durchführbar.

Ein ästhetisches Haus wird dadurch entstehen. Die Gartenanlage wird viele Sitzplätze aufweisen, der Garten selbst wird üppig und kunstvoll gestaltet sein, vielleicht mit besonderen Skulpturen, die aus Meditation heraus entstanden. Das Haus selbst wird hell, also meist weiß gehalten sein. Möbel aus Holz sind geweißt, die Wände weiß. In jedem Raum könnte man verschieden farbige Tücher an wichtigen Plätzen aufhängen und so den Räumen einen bestimmten Farbklang geben. Vielleicht hält man den Essensraum in Gelb, den Meditationsraum in Gold und Silber, die Schlafräume in Grün und Blau, die Sterbezimmer in Lila...aber vielleicht auch anders, man wird das von dem ästhetischen Eindruck abhängig machen, den das Haus vermittelt.

Ich fände es sehr schön, den sterbenden Besucher beim Einzug zu fragen, welche Farbe er in seinem Zimmer ausgestellt haben möchte. Da nur Tücher aufgehängt sind, kann man sie leicht austauschen. Farben sind sehr wichtig, daher lege ich so großen Wert darauf, dass sie überall gezielt eingesetzt werden, doch mit dem Hintergrund des Weiß der Wände.

Der Gesamteindruck sollte weiß sein zusammen mit diesen exponierten Farben. Pflanzen stehen im Haus, vielleicht ein Brunnen, gelegentlich ein schöner Edelstein, vielleicht auch ein erhebendes Gemälde an der Wand, vielleicht eine Buddhastatue. Sie steht nicht für den Buddhismus oder Gautama den Buddha, sondern sie ist ein Symbol für Meditation, für Stille, für den Buddha in uns.

Alles sollte spärlich eingesetzt werden, doch so, dass es den Blick einfängt. Damit der Raum nicht kühl wirkt, kann man Teppiche oder Fußböden in grün zum Beispiel wählen. Doch meine Vorliebe für einen Tempel wäre, alles in weiß zu gestalten und dann darauf Farbimpulse zu setzen.

Der Eindruck, den dieses Haus auf jeden Besucher macht, ist der eines Raumes, in dem man aufmerksam sein muss. Schon die Schönheit des Ambientes sollte an Ästhetik erinnern. Zugleich sollte das Zentrum großzügig und praktisch sein. Verbreiterte Türen für Rollstühle und Betten, Aufzüge in die Stockwerke, genug Platz, so dass jeder ein Einzel-zimmer bekommen kann, möglichst jeder Sterbende.

Es gibt einen Meditationsraum für aktive Meditationen, ausgestattet mit großer Leinwand, Stereoanlage, Matratzen und Decken, mit bequemen Sitzmöglichkeiten für die Filmvorführungen. Zusätzlich kann man in dem Essens-raum Feste feiern, er muss also auch größer sein.

Die Schlafräume sind gemischt, es gibt daher keine Trennung in Männer- oder Frauenzimmer. Die gesunden Besucher haben wünschenswerterweise auch Einzelzim-mer, wenn das nicht möglich ist, werden die Betten mit einem Sichtschutz voneinander abgetrennt sein.

Das Sterbezentrum ist ein großer Tempel. Viele Besucher sind hierin willkommen.

die besucher

Zwei Ansätze gibt es in dem Sterbezentrum:

Es gibt Besucher, die kommen um zu sterben, und es gibt Besucher, die kommen, um das Sterben zu lernen.
Gesunde wie Sterbende sind willkommen.

Etwa drei Monate wird ein Kurs für einen gesunden Besucher dauern, diese Zeit könnte er in diesem Zentrum verbringen und sich dem Tod widmen. Er wird Gelegenheit bekommen, sich dann von allem zu verabschieden, Abschiedsfeste zu feiern, großartige Musik, Gedichte, Literatur und Filme zu hören und zu sehen, die man nicht verpasst haben sollte. Er wird in Hypnosen und in Meditationen eingeführt, das Tanzen und sich Freuen wird ihm zu einer natürlichen Sache. Die Stille wird ihm bekannt sein nach drei Monaten, das Lachen auch und das Loslassen erst recht. Der Tod wird ihm mit allen Möglichkeiten vor Augen geführt und am Schluss wie ein guter Freund sein. Meditation wird zu seinem Leben dazugehören.

Wenn ein Sterbender das Zentrum besucht, dann um seine Reise dort fortzusetzen. Er wird bis zu seinem Verlassen des Körpers bleiben. Nach seinen körperlichen Möglichkeiten kann er an den Angeboten teilnehmen. Doch auch falls er nicht fähig ist, den Meditationen zum Beispiel beizuwohnen, kommt zu ihm ein Meditierender, der ihm Anregungen gibt und ihn begleitet. Der ihn erinnert, dass er nicht der Körper ist, der als einziger sterben wird.

Es wird eine einfühlsame Betreuung von den Sterbenden geben, die ein bewusstes und ästhetisches Sterben ermöglichen soll. Jeder Sterbende, der dieses Haus besucht, will Bewusstheit. Er will meditieren und zutiefst entspannen. Das Sterbezentrum ist nichts für Menschen, die nicht lernen wollen, bewusst zu sein, die nicht meditieren wollen, die das Loslassen nicht lernen wollen. In meiner Vision wären für solche Leute die üblichen Hospize oder eventuell auch Pflegeheime die beste Variante, deren Bedingungen sind in meinem Sinne gerade noch akzeptabel.

Das Haus ist offen für alle Menschen, gleich welchen Geschlechts, Alters, Rasse. Wenn ich die Wahl hätte, dann wäre jedoch eine Voraussetzung, nicht mit einer Religion identifiziert zu sein, egal ob es sich um das Christentum, das Judentum, den Islam, den Buddhismus oder sonst eine Religion handelt. Es ist mir klar, dass dies schwierig umzusetzen ist, wie kann man das testen, ohne dass man die Privatsphäre überschreitet? Mein Wunsch wäre es jedoch, dieses Haus völlig frei von Religionen zu halten und nur eine globale Religiosität zuzulassen. Sie bedeutet, dass jeder eine eigene, individuelle religiöse Lebensweise hat, die jedoch unabhängig von den Strömungen des Kollektivs ist.

Ein weiterer Wunsch wäre von mir, den Besuchern klarzumachen, dass verwandtschaftliche Bindungen nicht förderlich im Sterben sind. Das heißt nicht, dass nicht Söhne ihre Mütter und Ehefrauen nicht ihre Männer besuchen können. Doch ich würde klarstellen, dass jeder sich wie ein Freund verhalten sollte, egal ob er in einem verwandtschaftlichen Verhältnis zu jemandem steht oder nicht. Alle Bindungen fallen im Tod und ein Freund zu sein, ist ein erster Schritt dahin. Tatsächlich ist es natürlich schwer, dies zu überprüfen, doch würde ich es als Leitsatz irgendwo aufschreiben: Sei ein Freund, ein Wegbegleiter.

Karl hat einen neuen Job als Kellner in der Kneipe "Zum fliegenden Pfannkuchen". Zwei Herren beenden gerade ihr Abendessen, als Karl sich ihnen nähert.
"Tee oder Kaffee, meine Herren?" fragt Karl.
"Ich möchte Tee", sagt der erste Mann.
"Ja, ich möchte auch Tee," sagt der zweite, "und ich lege großen Wert auf ein sauberes Glas."
Ein paar Minuten später kehrt Karl zurück und sagt, "Hier kommen die zwei Tees, und wer von Ihnen wollte das saubere Glas?"

die aktivitäten

Wenn möglich hilft jeder Besucher mit, gesunde wie sterbende. Jeder, der kann, pflegt, unter Anleitung, einen Sterbenden. Das wird ihm die Schwierigkeiten beim Verlassen des Körpers aufzeigen und ihn zugleich gut darauf vorbereiten. Auch ist es hilfreich, einen nackten, vielleicht alten, und kranken Körper gesehen zu haben. Wir sind alle in unserer Gesellschaft auf Jugendlichkeit und Gesundheit ausgerichtet worden und den Verfall des Körpers anzusehen, ist eine gute Erfahrung für uns. Sie hilft, so wie bei dem Freund, bei sich zuschauen zu lernen, wenn der eigene Körper verfällt und es als eine natürliche und normale Sache anzusehen. Einen Sterbenden zu pflegen, ist sehr lehrreich für das eigene Leben.

Jeder Besucher hilft in den Essenszeiten mit, den Sterbenden das Essen zu reichen. Es gibt einfaches, vegetarisches Essen, keine komplizierten Gerichte. Für die sterbenden Besucher eignet sich hauptsächlich leicht gekochte Kost, zusätzlich gibt es für die Besucher und die Mitarbeiter Frisches. Ein schön angerichtetes Büffet ermöglicht die freie Auswahl. Der Kontakt zwischen den beiden Besuchergruppen wird gefördert, es sollte ein miteinander gehen sein. Doch wird darauf geachtet, weder die einen, noch die anderen damit zu belasten. Die Sterbenden werden in ihrer Ruhe nicht gestört, die Gesunden werden Zeit haben für sich und die Aktivitäten, die angeboten werden.

Ein möglicher Tagesplan für die Besucher:
6:00 Osho Dynamische Meditation
7:30 Mithilfe bei der Pflege von Sterbenden
8:30 Frühstück, jeder hilft beim Essenreichen
für die Sterbenden mit
10:00 Hypnose oder Meditation, die auf den Tod
vorbereitet, im Meditationsraum
11:30 Mittagessen, jeder hilft beim Essenreichen
für die Sterbenden mit
14:00 Vorführung eines lustigen oder anders
erhebenden Filmes
16:00 Osho Nadabrahma Meditation
17:30 Abendessen, jeder hilft beim Essenreichen
für die Sterbenden mit
19:00 Abendtreffen, bestehend aus wildem,
ekstatischem Tanzen und dem Zuschauen
eines Osho Diskurses

Alle Angebote sind freiwillig.

Zusätzlich gibt es die Möglichkeit, mit Meditations-
lehrern über die Erfahrungen zu sprechen, die man mit dem
Tod und den Meditationen gemacht hat. Die Sterbenden
werden von einem Meditationserfahrenen begleitet und
besucht. Er wird sein Hauptaugenmerk auf die Entspannung
des Sterbenden legen und die Musik und anderes individuell für ihn herausfinden. Wenn der Sterbende zum Beispiel
nicht an der Osho Nadabrahma Meditation teilnehmen
kann, dann legt er vielleicht nur die Musik im Zimmer auf.

Die Zimmer der Sterbenden werden immer offen für
Freunde und die anderen Besucher sein, die Lachen und
Meditation bringen wollen, es sei denn, ein "Bitte nicht
stören"-Schild hängt an der Tür. Wenn jemand ein Fest
feiern möchte, so gibt es im Haus Möglichkeiten und
Unterstützung dafür.

Im Tod werden die Freunde zu mehreren still um den
Sterbenden herum sitzen. Die Meditation wird allen sehr
helfen. Der Sterbende wird einen friedlichen und schönen
Tod erleben. Dann wird dafür gesorgt werden, dass sein
Körper so bald als möglich verbrannt wird. Es wird auch
eine Feier für ihn veranstaltet, im Meditationsraum wird
ekstatisch Abschied gefeiert.

Selbstverständlich werden alle von einem Arzt begleitet,
der versucht, den Sterbenden das Sterben so angenehm wie
möglich erleben zu lassen.

die möglichkeit der euthanasie

Wenn dies gesetzlich erlaubt ist, dann wird das Sterbezentrum auch ein Ort sein, an dem aktive Sterbehilfe

geleistet wird. Ein Arzt wird auf Wunsch eine Spritze setzen, die zum Tode führt. Vielleicht wäre es gut, vorher etwa drei Monate in dem Zentrum gewesen zu sein, um das Sterben und die Meditation gelernt, um sich verabschiedet, und um noch alles gesehen und erlebt zu haben, was es wert ist zu erfahren. Gesunde, wie Kranke und Leidende sind willkommen. Sie werden gezielt begleitet in ihrem Sterbeprozess. Meditation und Lebenslust, Lachen, sind die Hauptkomponenten, mit dem sie in Kontakt kommen werden.

Ich respektiere das Individuum und seine Freiheit. Wenn es sich für den Tod entscheidet, dann ist das für mich zu akzeptieren. Es gibt keinen Grund, sich in diese Freiheit einzumischen oder gar darüber zu bestimmen, dass jemand nicht sterben sollte, der es will. Ich würde mir nur wünschen, dass dieser Tod ebenso, vielleicht auch besonders, ästhetisch wird. Dass die Freiheit zu entscheiden bei jedem einzelnen bis zum Schluss respektiert wird. Ich habe den Ansatz der Selbstverantwortung. Er gilt für mich für jeden, egal um was es geht. Auch im Sterben hat jeder die Verantwortung selbst.

Ich bin nicht dafür, Menschen zu entmündigen, jeder weiß besser, was er braucht. Ich würde gerne jedem dabei helfen, der sterben möchte, es zu einem Abenteuer, einer Feier, einer Liebe, einer Ergebung in die Existenz werden zu lassen. Eine bewusste Entscheidung, die zu einem friedlichen Tod führt. In meiner Vision wäre das eine sehr hilfreiche Sache für viele Menschen, die den Tod suchen, aus welchen Gründen auch immer. Um der Gesellschaft entgegenzukommen, könnte man ein Limit festlegen: Erst ab sechzig Jahren kann man es entscheiden, oder wenn man unheilbar krank ist.

die organisation
des sterbezentrums

es sollte ein fröhliches, feierndes und auch stilles Grundklima in dem Haus herrschen. Ich habe dies bereits in vielen Osho Zentren gesehen. Jeder nennt sich mit dem Vornamen und man duzt sich selbstverständlich. Es gibt kein Oben und Unten, jeder hat den gleichen Rang, den Rang eines Menschen. Ob es der Manager oder die Reinigungskraft, die Küchenfee oder der Pfleger ist, ob es sich um einen Besucher oder einen Hausmeister handelt, jeder wird gleich behandelt. Die Entlohnung ist für jeden gleich, sie richtet sich nach den Stunden, die jemand gearbeitet hat, egal was seine Aufgabe war. Diejenigen, die länger in der Organisation bleiben, können als Team mitbestimmen, wenngleich es einen oder zwei oder drei gibt, die den Überblick haben und letztendlich die Entscheidungen bejahen und tragen müssen. Wer das ist und wie sie ermittelt werden, wird sich zeigen, doch wie alle meditieren sie.

Vielleicht ist es möglich, dass die Mitarbeiter in Ihren Aufgaben rotieren, jeder einmal geputzt hat, in der Küche war, vielleicht auch das ganze gemanagt hat. Es wird sich zeigen, ob das sinnvoll ist, ob das auch effizient sein kann.

Die Besucher bezahlen ihren Aufenthalt. So wird das Sterbezentrum getragen. Eine individuelle Bezahlung nach den finanziellen Möglichkeiten des einzelnen Besuchers wäre wünschenswert, doch vielleicht ist dies nicht durchführbar. Je nachdem, wie hoch der Pflegeaufwand bei den Sterbenden ist, muss die Bezahlung daran angepasst sein. In meiner Vision ist es auch finanziell schwachen Besuchern möglich, im Sterbezentrum aufgenommen zu werden.

eine neue lebensweise

das ist es, was man in so einem Sterbezentrum lernen könnte: Eine völlig neue Lebensweise. Die Wege der Gesellschaft, unsere alten Konditionierungen, müssen wir im Tod sowieso loslassen, warum also nicht gleich. In dem Sterbezentrum lassen wir alles fallen, was uns von unserem natürlichen Sein abhält oder es begrenzt. Das bedeutet, dass wir uns und unseren Körper so lieben, wie er ist. Wir brauchen den Bart nicht zu rasieren, die Haare nicht zu färben oder sie nicht künstlich zu bearbeiten, so dass sie füllig aussehen. Auch brauchen wir keine enge Kleidung und enge Schuhe, keine Krawatten, Anzüge oder Kostüme, meistens keinen BH und auf die unpraktischen Seidenstrümpfe können wir auch verzichten. Unseren Körper lieben und pflegen wir, doch zugleich lassen wir die Vorgaben und Moden der Gesellschaft los. Bequeme Kleidung genügt völlig unseren Ansprüchen.

Im Sterben und im Tod werden wir so geliebt, wie wir sind. Jeder ist so, wie er ist, es ist unnötig, Jugendlichkeit vorzugeben. Die Wahrheit des natürlichen Selbstausdrucks sollte bei jedem zum Vorschein kommen. Dies ist zusätzlich eine Hilfe für das Sterben, denn auch da sind wir nackt und bloß. Wir können im Sterbezentrum lernen, einfach nur uns selbst auszudrücken und zu leben. Das entspricht einer ganz neuen Lebensweise, der natürlichen Lebensweise. Die Bewusstheit, die Ästhetik, die Natürlichkeit eines jeden Menschen ist genug der Schönheit. Wir können stolz auf uns sein, so wie wir sind, stolz auf unsere eigene Art. Es bedarf keiner Beschönigung, unsere Ästhetik ist genug.

Das Sterbezentrum ist ein Tempel des Lachens und der Meditation. Dazu benötigt man kein Nikotin, Drogen oder Alkohol, daher sind sie auch nicht erwünscht. Diese Rausch-mittel behindern sogar die Meditation. Trotzdem gibt es im Sterbezentrum für die Raucher draußen im Freien einen Rau-chertempel. Da man, wenn man meditiert, sensitiver wird, sollte man im Sterbezentrum Parfüm, geruchsbetonte Wasch- intensive Putz- und andere stark riechende Mittel vermeiden.

Das Sterbezentrum hat eine Liebe für die Umwelt. Daher wird der Garten und dessen Anlage nach biodynamischen Grundsätzen bearbeitet. Die Abfälle werden sortiert und recycled. Es wird so wenig Müll wie möglich produziert. Das Wasser wird nur wie nötig verbraucht. Das Sterbezentrum versucht, in jeder Hinsicht mit der Natur in Einklang zu kommen. Die Menschen, die Tiere und die Pflanzen werden äußerst sorgsam und bewusst behandelt.

mein tod

auch ich lerne jeden Tag dazu, dem Tod offen und freudig zu begegnen. Gerade ist in meiner Umgebung ein sehr netter Mann gestorben, er hat seinen Körper den Umständen entsprechend plötzlich verlassen. Ich spürte in mir ein Bedauern, dass er so schnell gegangen ist. Doch dann erinnerte ich mich daran, dass der Tod etwas ist, was ich feiere und alles änderte sich damit. Ich begann ihm einen Abschiedstanz der Freude zu tanzen und hatte das Gefühl, dass er da ist, dass seine Präsenz mich umgab. Danach verschwand er. Und ich war frei von jeglichem Bedauern.

Wie jeder Mensch weiß ich nicht, was mich im Tod erwarten wird. Doch jeden Moment sammele ich meine Bewusstheit, um diesen Augenblick, hier, so intensiv wie nur möglich zu erleben und mein Lachen lebendig zu halten. So wird das auch im Tod sein, es wird sich daran nichts ändern.

Auch ich trage noch negative, christliche Ansätze dem Tod gegenüber in mir. Wann immer es mir einfällt, drehe ich diese Ablehnung des Todes in ein Willkommenheißen um. Was immer geschieht, ich werde mich weiterhin an das Lachen und das Zuschauen als das Wesentliche erinnern.

Ich vertraue der Existenz und mache mich leer, so dass sie durch mich wirken kann, wie sie es will. Was immer geschieht, unter welchen Umständen ich sterben werde, liegt in ihren Händen. Ich brauche nichts dafür tun. Ob ich in einem Sterbezentrum nach meinem Geschmack oder in einem Krankenhaus, in dem die Umstände nicht so liebevoll, und schon gar nicht meditativ sind, sterbe, das liegt nicht an mir. Ich trete zur Seite und lasse die Existenz mein Leben und meinen Tod entscheiden. Ich mische mich nicht ein. Wenn ich einen angenehmen Tod erfahre, so ist das das Beste, was mir geschehen kann. Und wenn ich einen unangenehmen Tod erfahre, so ist das ebenso das Beste, was mir geschehen kann. Die Existenz weiß es besser.

Ein Haiku:
Basho schrieb:

Gelbe Rosenblätter
Donner...
Ein Wasserfall.

internetadressen

Was immer Sie zum Thema Meditation wissen wollen, Sie finden es unter: *www.osho.com*

Man kann diese Site auch auf deutsch einstellen. Fragen zu Büchern, Meditations-CDs und Osho Diskursen werden dort beantwortet. Sie finden auch deutsche Adressen, wo man mit anderen Menschen zusammen meditieren kann. Noch vieles andere mehr gibt es auf Osho.com zu entdecken, was sich um das Thema Sterben dreht.

Man kann dort auch eine virtuelle Sightseeing-Tour durch das Resort machen und einen Eindruck von dem paradiesischen Platz bekommen.

Deutsche Bücher und CDs über Meditation erhalten Sie unter: *www.meditationandmore.de*

Meine E-Mail Adresse ist: *pakhibird@gmail.com*
Falls es meine Zeit erlaubt, werde ich Ihnen gerne auf Ihre Mails antworten.

www.aesthetisches-sterben.de

danke
liebe Samarpan und
lieber Hans-Wolfgang,
dass ihr mich so
liebevoll unterstützt habt.

Ich wurde von allen
Seiten gefördert
und gefordert,
und bin den Freunden
sehr dankbar,
dass ich so viel Anregungen
und Freundlichkeiten
von ihnen
erhalten habe.

Danke Existenz.